スイス人
銀行家の教え

お金と幸せの知恵を学ぶ12のレッスン

The Private Banker's Wisdom
for An Abundant Life

本田 健 *Ken Honda*

大和書房

スイス人銀行家の教え　目次

スイス人銀行家の教え——お金と幸せの知恵を学ぶ12のレッスン

編集協力――キーツ・プロダクション

プロローグ
新たな出会いと人生の始まり

アメリカから帰国して一年もすると、僕はどこにでもいる日本の大学生になっていた。毎日、昼頃にベッドから起き出してきては、大学には行くものの、授業を受けることはなかった。その代わりにサークル仲間の集まるラウンジに直行して、友人とダラダラと時間をつぶしていた。教室の中に入るのは、唯一コンパのメンバーを集める時ぐらいだ。あれほどあった情熱は、いったいどこへ消えたのだろう。アメリカで輝いていた僕は、本当に存在したのだろうか？

たしかに、ときおり内なる情熱が湧いてくる時もあった。たとえば、たばこが嫌いな僕は、学生ラウンジの禁煙運動を起こした。アメリカから帰って、すぐのことだったと思う。あの頃の僕には、まだ情熱があった。周りのみんなは絶対に無理だと言っていたが、署名を集めることなら《お手の物だ。僕は必要な署名をあっという間に集め、全フロアーの禁煙を勝ち取った。それにもかかわらず、同じ署名を集めるのでもフロリダの頃とは何かが違った。本来なら達成感を味わえるはずが、僕はなぜか自己嫌悪に陥《おちい》った。その晩は意識がなくなるまで仲間と飲んだことを覚えている。

その日も同じように、前の晩、意識がなくなるまで飲んでいた。昼頃起き出した僕は、二日酔いでガンガンする頭を抱えてトイレに行った。鏡を覗《のぞ》くと、そこには、魂《たましい》の抜け殻《がら》になった男の顔が映っていた。鏡の横には、帰国直後に書いた「夢を生きよう!!」という紙が貼ってあった。だが、その紙も黄ばんで、セロテープで留めた端の部分がちぎれてしまっている。よれよれになって黄ばんだ紙が、ちょうど今の僕の人生を表しているようだった。何とかしなければ僕はダメになってしまう……、と痛む頭で考えていた。

そんな時だった、一通の手紙がアメリカから届いたのは……。

郵便受けを見ると、一通の手紙が入っていた。海外からのエアメールだ。何だろう？　と思って宛名の筆跡を見て、僕は、心臓が止まりそうになった。この一年、彼には何度も手紙を書いていた。待っても待っても来ることのなかった返事が、ついに来たのだ！

ゲラー氏から届いた一通の手紙

「元気かね？　君のことは時々考えているよ。思い出すたびに、あたたかな気持ちになれる。君と過ごした数週間は、本当に楽しかった。

ところで、あれからもうすぐで一年たつけれど、君の人生はどうなっているかな？　私の読みに間違いがなければ、今頃、君は日本の学生生活をエンジョイしているだろう。普通の学生がやるようなバカさわぎをしたり、女の子たちとも遊びたがっていたからね。もっとも、まだ誰か一人の女性に絞《しぼ》り込むほどの度胸はないだろうけれどね……ハッハッハ。これは失礼、ついうっかり、ストレートに物を言いすぎたよ。

君の性格からすると、とことんのめり込むから、今頃は誰よりも日本の学生になりきっていることだろう。そして、そろそろ『普通でいることの遊び』にも飽きてきた頃かもしれない。もし、私の読み通りなら、おもしろい提案があるので、聞いてもらいたい。

私の親友がスイスにいる。バンカー（銀行家）だ。お金について学びたいなら、彼は最適だと思う。君のことを話したら、お金のことを教えてやってもいいと言うんだ。世の中の仕組みやお金のことを教えてもらうには、最高のメンターになってくれると思うよ。

君のハートがイエスと言うなら、旅に出なさい。ただし、期限は二週間。この手紙がついてから二週間以内に君が指定の場所に姿を見せなければ、この話はなかったことにしよう。いずれにしても、君の人生が素晴らしいものになりますように。


ハーマン・ゲラー」


見慣れた字が、高級な便せんに踊っていた。あのテラスでいつも紙ナプキンに書いてくれた字だ。その手紙を握りしめながら、僕は知らないうちに泣いていた。止めようと思っても、あとから、あとから、涙が頰を伝《つた》う。東京の四畳半の汚いアパートで、僕は一人泣いた。

手紙を何度も読み返しては、フロリダの暖かい風に吹かれて、テラスで一緒に過ごした時間を思い出した。あの時に感じていた情熱、夢、ワクワクした感じは、かすかだが、まだ体の片隅に残っている。ゲラーさんは、「君は将来、絶対に成功できる。私が保証する」と言ってくれた。何の裏付けもないのに、自分でも絶対に大丈夫だ！　と信じていた。将来に対する希望で、胸がいっぱいだった。

その時に比べて、今の自分はいったい、何をやっているのだろう。二日酔いの重い体を引きずって、僕は、壁に頭を何度も叩き付けた。しばらく続けているうちに、頭がずきずき痛み、力なく布団に倒れ込んだ。布団の中で、いろんな考えがぐるぐるした。

「スイスか、遠いな〜。飛行機代は、いくらかかるんだろう？　今の経済状態では無理だな。でも、こんな学生生活を続けても、いったい何になるだろう？　大学をやめる覚悟で、スイスに行ってみるべきだ。でも、パワーが出ないなぁ。一年前ならともかく、今のような体《てい》たらくで行けるんだろうか？　スイスって何語だったっけ？」

重い頭でいろいろと考えているうちに、いつのまにか眠りに落ちた。


起きてみると、さわやかな気分だった。数時間前のだるさはウソのように消えている。いったいどうしたんだろう？　自分でも一瞬、あまりの体と心の変化に戸惑《とまど》ったが、すぐにその意味を理解した。

「よし、スイスに行こう！　スイスから、本当の人生が始まるんだ！！！」

再び訪れたチャンスに賭ける

いざ、旅行代理店でスイスまでの飛行機代を聞いた僕は、少なからぬショックを受けた。今の自分には、とても手が出ない……。ゲラーさんの教え通り、アルバイトで得たお金は、みんな自己投資の本代か、人脈を広げるための飲み代に使っていた。今持っている「なけなしの全財産」をはたいても、全然足りない。だが、お金が原因でスイス行きがダメになるのは納得できない!!　と思うと、俄然《がぜん》ファイトが湧いてきた。

「そうかぁ！　これが、テストの第一関門だな」と僕はニヤリとした。向こうも、こうした状況を考えに入れて、二週間と言ってきたに違いない。

「よし、やってやろうじゃないか！」

この一年感じたことのない情熱を、僕は全身で感じたのだった。

旅行代理店からの帰り道、僕はフルスピードで頭を回転させ、お金をつくる方法を考えた。一〇日足らずで、旅行代金を入金しなければならない。「こういう時に、クリエイティブな方法を思いつくかどうかが、勝負なんだ」という教えを思い出した。

一人一万円の寄付を募《つの》って十数人集めれば、何とかなる。帰ってきたら、お金の知恵を分かち合うという特典の権利を売れば簡単じゃないか。

あるいは、知り合いの実業家にお金を出してもらう方法もある。実家に頼んで、来月の仕送りを前もらいすることもできるだろう。おおよそ一〇の方法を思いついたものの、どれも正直ぴんと来なかった。今回の旅の目的を考えると、それらの方法は、あまりにも安易すぎると思えたのだ。ゲラーさんは、お金持ちになるには美学が必要だと繰り返し言っていた。僕が「債券を発行して売る」といった浅知恵でお金をつくり、スイスに来たと知ったら、彼もがっかりするだろう。**彼は、クリエイティブなアイデアを高く評価する反面、安易な金儲けの方法を嫌っていた。それは、安易なやり方が人間をダメにすると考えていたからだ。**

結局、僕は、肉体労働で稼ぐという、きわめてオーソドックスな方法をとることにした。そのほうが汗水たらして稼ぐという感じがしたし、けだるい今の生活の垢《あか》を汗とともに流してしまえる気がした。また、体を鍛えてシェイプアップして、スイスに乗り込んでやろうと思ったのも理由の一つだった。

肉体労働は、思ったよりはるかにきつかったが、夜ぐっすり眠れるというおまけがついてきた。折しもバブル経済の絶頂で、肉体労働のバイトを見つけるには、困らなかった。

こうして、一〇日の過酷な労働と引き替えに、僕はスイス行きの切符を手に入れたのだった。

レッスン1

お金のメンターと出会う

幸い大学が春休みになったこともあり、どうせ行くなら長期滞在するつもりだった。ひと月以上連絡がなければ、休学届けを出してもらうように友人に託《ことづ》けた。大学には、いつでも戻れるけれど、こういうチャンスは、人生でそう何度もないと考えたからだ。

成田からスイスまでのスムーズな飛行は、これからの旅の行方《ゆくえ》を象徴しているようだった。エコノミーで座席を取ったにもかかわらず、なぜか僕の席だけ、ビジネスクラスにアップグレードされた。僕は、隣りに座った年配のフランス人に「君のビジネスはどうだい？」と話しかけたりして、束《つか》の間の成功したビジネスマンの気分を楽しんだ。シャンパンに酔った僕は、大富豪の気分でジュネーブ空港に降り立った。そこからは、酔いを覚ますためと、予算の関係で、ヒッチハイクという手段をとったが、ハイな気分のおかげか、順調に指定された場所のすぐ近くまでたどり着くことができた。

指定された場所に行ってみると、そこには、何もなかった……。いや、もっとひどい。そこは、町はずれの荒れはてた墓場だった。

「これは、いったいどうなっているんだ？？」

ショックを隠しきれない僕は呆然《ぼうぜん》とした。先ほどのほろ酔い気分が一気に醒《さ》めた。

「これはきっと何かの間違いか、冗談だよな……」

目の前の現実を理解するにつれ、僕は久しぶりに血の気が引いていく感覚を思い出した。

自分のおかれている状況をようやく理解した。

「うゎ～、またやられた！」

「無人島に置き去りにしたって平気なんだから、これぐらいのサプライズが用意されていると予測しておくべきだった……」

しばらくそこに立ち尽くしていたが、何とか体の中の力を呼び起こし、バックパックを背負うと、その晩泊まる安宿を探すことにした。

次の朝、夢から醒めて自分のアパートに戻っていたら、どんなによかっただろう。しかし、起きてみると、そこはやっぱり何のあてもない町の安宿だった。汚い壁の隅でネズミがゴソゴソしているのを見て、自分の現実を受け入れるしかないと覚悟を決めた。

「まあ、なるようになるさ、とにかく、せっかく遠くまで来たのだから、こちらの生活も楽しんでみよう」

ゲラーさんの友達だという人に会えるまでの間アルバイトをしようと考えたが、日本料理店で働くほどつまらないことはない。いろいろ考えをめぐらせているうちに、あるアイデアを思いついた。いつもの天才的なひらめきだ！

フロントの、人の良さそうなおばさんから、町でいちばん流行《はや》っているアメリカンレストランを聞き出して、そこに向かった。客として食事をした後、店長に挨拶をしたいと、ウェイターにお願いした。ここからは僕の交渉術の見せどころだ。

アメリカ人店長がどう考えるか、ということなら手に取るように僕にはわかる。ガッツのある従業員なら、いつだって欲しいはずだ。僕を客だと思って丁寧に応対した店長は、「仕事をさせてほしい。ただ、ビザの関係もあるだろうから、住むところと食事さえ出してくれれば、給料なしで、タダで働く」という僕の申し出に、最初は驚いたようだったが、すんなりOKしてくれた。タダで働くというのがきいたのか、僕の気迫に負けたのかはわからない。それでもとにかくその日の晩から、従業員用の寮に潜《もぐ》り込むことができ、とりあえずのベッドと食事を確保した。

従業員寮といっても、スイスやドイツの若者が何人も一緒に住んでいる一軒家だった。スイスでは、英語が話せるのがおしゃれらしく、アメリカ英語を話す僕は、ウェイター仲間の間で、一躍《いちやく》人気者になった。アメリカ人がたまたま一人も寮にいなかったせいで、昼間はウェイターをやり、夜は仲間相手に英語の先生をやることになった。

一台のロールスロイス

そうやって楽しい一週間が過ぎ、仕事にも慣れた頃、「その人」がやってきたのだった。ある日の午後、店の前に一台のロールスロイスのリムジンが止まった。こういうチャンスは逃してはいけない。めざとくその車が止まったのを見た僕は、慌《あわ》てて店を飛び出し、僕にチップをはずんでくれるであろうお得意さんを迎えに出た。運転手に扉を開けてもらって、出てきたのは、一人の品のいい老人だった。僕の顔を見ると、にっこり笑った。「君が、ケンだね」とドイツ語なまりの英語で、その紳士は静かに言った。

僕は、戸惑った。この人は、なぜ僕の名前を知っているのだろう？　レストランの数人をのぞいて、スイスに僕の知り合いはいない。まして、ロールスロイスに乗るような金持ちの知り合いなど、いるわけはない。瞬間的にいろいろ考えて、この人がゲラーさんの友人に違いないという結論に達した。

「ゲラーさんのお友達の方ですか？」とその紳士に聞きながら、僕は、その人の名前も知らないままスイスに飛んできたことに気づいた。

「その通りです。私はホフマンといいます。はじめまして」と彼は自己紹介し、握手の手をさしのべてきた。その手を取ると、彼は、思ったより力強く僕の手を握りかえしてきた。これが、僕のスイスのメンターとの出会いだった。

ホフマンさんは、飛んで出てきた店長と、しばらく談笑した後、「さあ、荷物をまとめて来なさい」と僕に言った。「どうやら、僕の貧乏生活も終わりらしい‼」とワクワクしながら、すぐに荷造りをした。運転手がそれを手早くトランクに収めると、ホフマンさんはロールスロイスの後部座席に、僕を促《うなが》した。

僕は聞きたいことが何十とあった。ゲラーさんとどういう関係なのか、どうして指定されたところが墓地だったのか、僕がどうしてアメリカンレストランで働いているのがわかったのか、今どういう仕事をしているのか、どうしてそんなに金持ちなのか……。しかし、急いで聞いて、おっちょこちょいな奴だと思われても困る。そこで、最初は相手の様子を見ることにして、何とか我慢して黙っていた。今まではそんな余裕もなかったが、リムジンから見るスイスの町は、とてもきれいで、美しかった。

ヨーロッパの大富豪

リムジンが森の中の広大な敷地の門をくぐると、向こうにお城のような邸宅が見えてきた。どうやら、ゲラーさんの親友だというこの人物は、相当の大金持ちらしい。いったい何者なんだろうか？　バンカーだと聞いていたので、白いシャツを腕まくりした銀行員をイメージしていたけれど、日本の銀行員とは、ずいぶんと違うようだ。……などと、いろんなことを考えているうちに、ロールスロイスは、邸宅の前に到着した。

天井が見えないぐらい高い応接間に通されると、執事が一見しただけで高そうなカップとコーヒーのポットをうやうやしく持ってきた。

やがて、ホフマンさんが部屋に入ってきた。そして、緊張して倒れそうな僕に、穏やかな笑顔で話しかけてくれた。

「いや、よく来てくれたね。スイスへようこそ。しばらく君のことは探したよ。ハーマンの話しぶりだと絶対に来ると思っていたのに、なかなか来なかったからね。ところで、どうして、私の屋敷に来ずに、君はレストランで働いていたのかね？」

　穏やかな話しぶりに、僕も落ち着いて答えることができた。

「それは、こちらのほうが聞きたいですよ。あれは、何かのテストだったんでしょうか？」

　僕は、もらった住所が墓場だったこと、そしてやむなく仕事を探して次の手を考えていたことなどを一気に話した。

　ホフマンさんは、ひとしきり話を聞いて大笑いすると、僕に申し訳なさそうに言った。

「それは、あいつのいたずらだな。何かの時に、私たちの恩人の墓の住所を教えてくれと言っていたからね。君にはとんだ災難だったね。あいつは、アメリカ的で実に悪趣味ないたずらをするんだよ。いや、彼に代わって、私が謝るよ、本当に失礼なことをした」

　ゲラーさんのうれしそうな得意顔が目に浮かぶ。ホフマンさんは彼とは違うタイプらしい。

僕は少しほっとして、次の質問を続けた。

「でも、どうしてホフマンさんは、僕がアメリカンレストランにいると思ったのですか？」

「いや、簡単なことだよ。期限通りに来ないということは、何かの手違いで君は私の住所をなくしたと思ったんだ。君のことだから、スイスにまで来たのだから、すぐには日本に帰らないだろう。かといって、日本の領事館に泣きついたり、日本レストランに行くほど、単純でもない。ビジネスに興味のある君のことだから、ジュネーブでいちばん流行っているレストランを見つけて、修業がてら、そこでアルバイトでもするだろうと思ったよ。たぶん、アメリカでの経験を考えて、いきなりドイツ語のレストランではなく、英語が通用するアメリカンレストランを選ぶだろう。そして、その店のオーナーが私の友人だとしたら、君のようなおもしろい青年がいることぐらい、すぐに調べがつくと思わないかい？」

「う〜ん、なるほど」僕は、うなった。

さすがはゲラーさんの親友というだけのことはある。この人もどうやらただ者ではないようだ。それから、僕は、我慢してきた質問をひとしきりぶつけてみた。彼は、ゲラーさんとは幼なじみであること、一緒にビジネスの修業をしたこと、そして、今は銀行のオーナーであるばかりでなく、いくつものビジネスを所有していると語った。

「ゲラーさんの手紙には、ホフマンさんがバンカーだと聞いたのですが、銀行員とか、頭取とかというわけではないんですね？」

「ハハハ、私が銀行員かね？　それはおもしろい。**私は銀行のオーナーだ。銀行の頭取といっても、私の一使用人にすぎないのだよ。**その銀行も、私が所有するビジネスのほんの一つだ。ビジネスをする上で銀行を一つ持っていると、何かと便利だからね。二〇年前に友人から頼まれて、今の銀行を買ったのだよ。ヨーロッパでは資産家が銀行をつくったり、買収したりするのは、そんなに珍しくない」

「はぁ……。すごいですねぇ」

あまりのすごい話に、僕はため息しか出なかった。今回もまた、すごい人に出会ってしまったものだ。神様にこの巡り合わせを感謝をした。そして、祈った。

「今度こそ、教えてもらったことを有効に生かしますので、僕に、もう一度チャンスをください」

ぼんやりしている場合ではない。大きく息を吸うと、単刀直入に切り出した。

「僕は将来自分のビジネスを起こしたいんです。僕のメンターになって、人生の知恵と教えを授けてくれませんか？」

満面の笑みを浮かべると、彼は答えた。

「もちろん、そのつもりだよ。だから今日、レストランまで君を迎えに行ったんじゃないか。しばらくここに滞在するといい」

意外にも、あっさりとした答えに、僕は拍子抜けした。興奮を抑《おさ》えることのできなくなった僕は、気になっている点についても、恐る恐る聞いてみた。

「そ、それで、ホフマンさんの教えを受けるために、何か条件とか、テストはあるんでしょうか？　も、もし、何かあるのなら、早めに教えてください」

アメリカでくぐり抜けたいろんな試練を思い出していた。今回も、とんでもない課題が出てくるかもしれないと覚悟して、僕は身構えた。

「何だって？　そんなものはないよ。もう君は私の大切なゲストなんだから」とホフマンさんは、朗《ほが》らかに答えた。

どうやら、最初の印象通り、ホフマンさんは実にいい人のようだ。

その夜は、ホフマンさんの奥さんや友人夫妻も加わり、とびきり楽しく、おいしいディナーを御馳走《ごちそう》になった。僕は、明日からの日々に胸をふくらませ、フワフワのベッドで幸せに眠りについた。

金持ちになる人とならない人の違い

次の日の朝、朝食をすませると、ホフマンさんの書斎に通された。そこで、僕の人生を大きく変えるお金のレッスンが始まった。

「君は、いったい何を求めて、スイスに来たのかね？」

そう改めて言われると、僕はいったい何をしに来たんだろう？　あまりに本質を突く質問だったので、一瞬、僕は戸惑ってしまった。いや、こんなことにひるんではいけない。何か、ホフマンさんをあっと言わせることを言わなければ……。焦《あせ》った僕は、巻き返しをはかった。

「僕は、お金についての教えを受けたいと思っています。ゲラーさんは僕の恩人ですが、あなたがお金の先生になってくれるかもしれないと手紙に書いてあったんです。僕は、自分の直感を信じてここに来ました」

「なるほど。それで、お金の何について聞きたいのかね？」

「お金の本質についてです。お金に振り回されない人生を生きたいんです。そして、情熱的に、輝いて人生を生きたいんです。漂《ただよ》うくらげのようにダラダラと目的もなく生きる人生には、もう耐えられません」

後半の部分は、僕の魂の叫びでもあった。もう、日本でしていたような生活はたくさんだ。今度こそやるぞ！　という思いをホフマンさんにぶつけた。

「いいね～、君は、エネルギッシュで。実に、素晴らしい。**誰にも止めることのできない情熱を身近に感じるだけで、こちらもワクワクしてくるよ。**

もう、あれから六〇年近くになるだろうか。私とハーマンは若い頃、今の君のような気持ちで、先生について学んだんだよ。毎週メンターから出される課題をがむしゃらにこなしていったものだ。二人とも、毎回、課題を与えられるたびに、もうダメだ！　って言っては絶望的な気分になってね。

でも、一〇分後には『絶対にやってやろうじゃないか！　俺たちに不可能はないぜ‼』って勇気を奮《ふる》い起こしたものだよ」

静かに思い出にふけるホフマンさんを見て、二人の老人の、まだ金もなく、情熱だけが唯一の資産だった若い頃を想像した。今の僕とどちらがマシだったのだろうか？　などとくだらないことを考えていると、ホフマンさんが語り出した。

「私が成功してからは、多くの若者が私のところに修業に来たよ。最近は半分リタイヤしたような生活をしていたから、君は数年ぶりの生徒になる。今まで何千人もの若者に教えてきたのだよ。彼らの多くが、今は幸せに、金持ちになって暮らしている」

「ホフマンさんが教えた全員が成功したんですか？」

「もちろん、残念ながらそういうわけではない。なかには、金持ちにならない者や金持ちになっても不幸になる者がいたね。それはね……」

待ちきれなくなった僕は、彼の言葉をさえぎって、まくし立てた。

「そ、それはなぜなんですか？　金持ちになる人と、ならない人の違いは何でしょう？　そして、不幸な金持ちと幸せな金持ちの違いは？？？　どうして、そんな違いができるんでしょう？」

「まあ、そう焦らなくてもいいだろう。時間はたっぷりあるのだからね」

ホフマンさんは、僕の興奮している様子を、味わうように言った。

「それはね、たった一つの違いだ。

お金から解放されると心から決めた人間だけが、自由になれるんだよ。

お金持ちになりたいと願う者は、そう願うこと自体が、お金に縛られるという結果を生むことに気がつかないのだ。だから、世間的な基準から見れば金持ちになっても、まだまだ上を求めて、さまよい歩くのだよ。いずれにしても、最初が肝心だ。最初の意図がずれていると、人生がめちゃくちゃになってしまう。そこで、私からお金について学びたいという人には、この紙にサインしてもらうことになっている」

と言って、高級なマホガニーのデスクの引き出しから、一枚の紙を出して僕に手渡した。

「自由になる価値が自分にはある」

それは、きれいなカリグラフィーのデザインで書かれた宣言書だった。

お金からの奴隷解放宣言書

私は、これからの人生で、富める時も、貧しき時も、
その時の経済状態にかかわらず、
自分をお金の奴隷から
解放することをここに宣言する。

（署名）

____

それを手にとって、僕は、何度も何度も読み返した。

「この紙には、何かすごいパワーを感じますね。お金持ちになったら、僕もぜひサインしたいです」

「ハハハ、君は、何をとぼけた話をしているのかね？　これは、金持ちになってからサインするのではない。金持ちになる前にサインしなければ、意味がないのだよ。今君に、ここでサインしてもらうために渡したのだ」

「い、いや、でも、あの、僕はまだ学生ですし、お金のことをよく知らないし、そんな資格があるとは思えません。こんな僕が、お金から自由になることを宣言してもいいんでしょうか？そんな勝手なことが許されるとは思えません」

椅子に座っていたホフマンさんは、ガバッと椅子から立ち上がると、熱く語り出した。

「まさしく、それなんだよ、お金から自由になれるかどうかの鍵は。いいかい。ほとんどの人間が、鍵のかかっていない牢獄に住んでいる。それに気づかずに、自分の人生を自由に幸せにしてくれる鍵を求めて、一生懸命仕事をしたり、金儲けに血眼《ちまなこ》になっているのだ。**幸せになりたければ、わざわざそんな遠回りをしなくても、そう決めるだけでいいんだよ。**お金から自由になりたければ、なにも金持ちになるだけがその方法ではない。お金から自分を自由にしてやるだけでいいのだ。『自由になる価値が自分にはある』と思う人間は、それを宣言するだけでいい」

静かだが、彼の言葉はパワフルだった。彼は続けた。

「アメリカで一八六三年一月一日、リンカーンが奴隷解放宣言に署名したのは、君も知っているだろう？　しかし、その次の日、奴隷たちはどうしたと思うかね？　すぐに奴隷主のところから旅立った者たちは非常に少ないのだ。大部分の奴隷たちは、そのまま自分たちが住んでいたところで暮らしたのだよ。この意味が君にはわかるかね？」

「そうですね。奴隷だった者は、そこから抜け出る自由があっても、その権利を行使《こうし》しなかったということですか？」

「その通りだ。たとえば、君の国では、職業選択の自由は憲法で保障されているんだろう？　でも、どうして多くの日本人は、最初に就職した会社にしがみつくのかね？　自分の望まない仕事を変える代わりに、自分を会社に無理矢理合わせようとするんだろう？　また、通勤に、満員電車に乗って二時間もかけるなら、職場か自宅のどちらかを変えたほうがよほど合理的だと思うけど、どうかな？」

「同じことかもしれません。自分に好きなことを仕事にできる権利はないと、どこかで感じているんでしょう」

「こういうことを一つずつ、検証していく作業をしなければならないのだよ。たとえば、セルフイメージの低い人間は、何をやってもうまくいかない。逆に、**セルフイメージの高い人間は、外的状況がどうであれ、すべてを変えていく力を持つ。**もし、現実が自分の望まないことだらけなら、その現実を変える努力をする代わりに、自分のセルフイメージを変えることに全力を注ぐべきなのだ。そのために、いちばん必要なものが何か知っているかい？　勇気なんだよ。よくわからないものに、飛び込んでいく勇気があるかどうかが、試されるのだ！」

どんどんエネルギッシュになっていくホフマンさんに比べ、僕はだんだんパワーがダウンしてきた。

「おっしゃることは、よくわかります。降参して認めます。でも、僕にはこの宣言書にサインする勇気がありません」

正直に自分の現在の状態を認めた。情けないが、この紙にサインするのは畏《おそ》れ多いと思った。まだ、準備ができていないというほうがより正確かもしれない。

「君は、正直で素晴らしい。適当にこの宣言書にサインしても、何の意味もないからね。**君に必要なのは、未知なものに思い切り飛び込む勇気だ。**もちろん、今サインする必要は全くないんだよ。ただ、一つだけ聞きたい。君は、このまま、何も学べずに、明日日本に帰ってもいいのかい？」

う〜ん、それは困る。この人もゲラーさん同様、たった一言で人生の本質に切り込んでくる。

僕は彼の言葉に悶絶《もんぜつ》した。

もちろん、このことは、痛いほどわかっている。このまま日本に帰って、あのけだるい学生生活に戻るぐらいなら、死んだほうがマシだ。僕の後ろにもう道はない。前に行くしかないのだ。

「よし！　やるぞ!!」

僕は腹を決めた。ホフマンさんには何も言わず、もう一度、その宣言書をにらみつけるようにして読み、大きく深呼吸した。

そして、手渡されたモンブランの太いペンを握ると、一気に僕の名前をサインした。

「非常によろしい。これで、君も経済自由人の仲間入りだね。ハッピーバレーへようこそ！」

と言って、僕の手をしっかり握りしめてくれた。サインをしただけなのに、今まで感じたことのない解放感とワクワク感で胸がいっぱいになった。

レッスン2

お金の支配から抜け出る

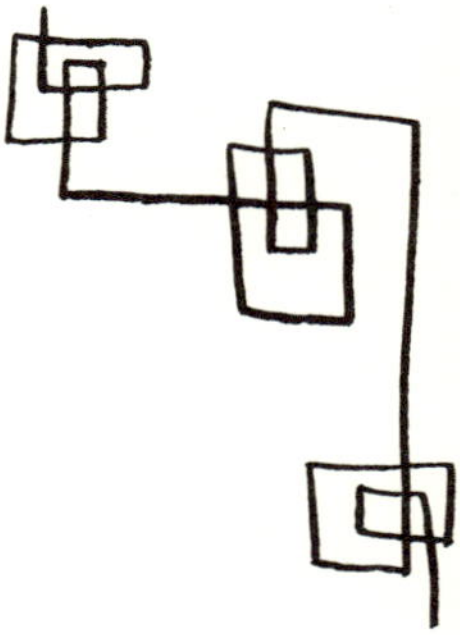

「さあ、早速レッスンを始めようじゃないか。その前に聞いておきたいんだが、ハーマンの奴は、アメリカで君に何を教えたんだね？」

僕は、彼に教わったレッスンの内容をかいつまんで説明した。

「なるほど、そうか。おもしろいね。君もなかなか、いいことを教えてもらったね。君の中には、たしかに彼から受け継いだ本物を感じることができるよ」

僕は、少し安心した。ゲラーさんの教えをうまく生かせていないことを、負い目のように感じていたからだ。それをホフマンさんに見抜かれているのではないかと心配もしていた。

「最初は、お金について、基礎的なことを知ってもらおう。お金がいったい何ものかも知らずに、次には進めないからね。お金から解放されるには、八つのステップがあるのだよ。

1つめは、お金に支配されていることを知ること。

2つめは、お金との関係を見極めること。

3つめは、お金との過去に向き合うこと。

4つめは、お金の知性を身につけること。

5つめは、お金の感性を高めること。

6つめは、お金とのつきあい方を日常レベルで変えること。

7つめは、ビジネスと投資をマスターすること。

8つめは、お金の意味を知ること。

このすべてを通らないと、幸せな金持ちになることはできないのだ」

「それは、どれくらいで学べるものなんですか？」

「頭で理解するには一週間はかかるだろう。本当に理解するためには、少なくとも一年、ある意味では一生、学びは続くといってよい」

「一年もかかるんですか？　長いな～」

「でも、何もしなければ、君の人生はそのままだよ」

「それは、本当にそうですね。もちろん、何年かかろうと、僕は食《く》らいついていきますよ！」

お金に支配されていることを知る

「最初は、いかに普通の人たちの人生がお金にコントロール（支配）されているのかという話から入っていこう」

「支配ですか？　ずいぶんと大げさな言葉を使われるんですね。普通の人は、お金のことを心配しているかもしれませんが、コントロールされたり、支配されたりしているんでしょうか？」

「それが、問題だと言っているのだよ。知らないうちに強い影響を受けている状態を支配だと言っているのだよ。たとえば、君は、今来ている洋服をどうやって選んだ？」

「これですか？　近所でバーゲンをやっていた時に買ったんです。半額だったので買いました」

「では今住んでいるところは、どうして決めたのかね？」

「それは、便利だし、家賃が安かったからです。東京の中心に、こんな値段で部屋を借りることなんて、普通はあり得ないんですよ」

僕は、自慢げに答えた。お金を賢く使っていることをほめてもらえるかと期待して言ってみた。

「ほらね。それがお金に支配されていると言った理由なのだ。**普通の人は、お金を基準にして物事を考えている。それが悪いとは言わないが、無意識のうちに価値判断や行動基準になっていることを知ってほしい。**たいてい、ものを買う時には、お買い得かどうかでしか考えない。それがその値段に見合ったものかどうかしか判断基準がないのだよ。買うものが自分にふさわしい、あるいは好きかどうかは、最初に来ない」

そう言われて考えてみると、僕は、すべての買い物をお買い得かどうかで判断しているのに気づいた。

「人生のほかの分野を見てほしい。友人を選ぶ時も、経済的なバランスを無意識で考えているはずだ。自分と同じぐらいの経済的な地位を持った人としかつきあわない。自分の年収の一〇倍も稼いでいる人間とは、友達になりにくいものだ。友達になれないとは言わないがね。恋人やパートナー選びもそうだよ。もし、育った家庭が、自分と違う経済状況のパートナーを選ぶと、後々、お金についての感性の違いから、ケンカが絶えないことにもなりかねない」

考えていくうちに、彼の言うところの、「見えないお金の支配」の存在に気づいて、気分が悪くなってきた。

「ビジネスの世界は当たり前として、政治の世界も、芸術、学問の世界も、人間が関与している限り、お金が支配している。お金が流れるところ、すべての人間がひれ伏すのだ」

「なんか、気分が悪くなってきました。そんな世の中がイヤになります」

「ほほう。どうして、現実を見ると、吐き気がするのかね？」

「吐き気、まさしくそれです。だって、汚いじゃないですか！　芸術も、社会も、友情も、愛情もお金がすべてなんて！　僕は許せないです、そんな現実が」

「なるほど、君は清貧《せいひん》タイプの社会変革派らしいな」

「何ですか？　それは？」

「それはね、私の人間の分類なのだ。君は、お金は汚いと思っている。しかし、社会は正したいと考えている。そのためには、金がいるから、やむなく金を追いかけようとしている。違うかい？」

「ど、どうしてそんなことがわかるんですか？　超能力でもあるんですか？」

「簡単なことだよ。**お金に対して語るその人の価値判断で、ふだん何を考え、どのように行動するのか、そして将来までもわかってしまうのだよ**」

「それで、そういう価値感を持つ僕は将来どうなると思いますか？」

　こわごわ聞いてみた。

「このままいくと、君は、ビジネスで成功してから、政治家になるだろう。社会的な改革を訴えて、華々しく活躍していくと思うね。そして、政治活動をしていく途中で、女かお金のスキャンダルで失脚して失意の人生を送る。そこから、お坊さんになるとか、精神的な道に進むんじゃないかな」

ホフマンさんの話を聞いていて青ざめた。僕が、進もうと思っていた進路を的確に読まれている。そればかりか、自分でも何となく恐れていることを、ズバズバと見事に言い当てていた。言われてみると、そのままの生活が、実にリアルに思えた。

「ど、どうして、そう思うんですか？」

「清貧タイプは、お金のことを嫌っていながら、そのパワーには魅了されている。したがって、お金が近づいてくると、必要以上にそのパワーに翻弄《ほんろう》されてしまう。

女性との関係でもそうだ。必要以上に退《しりぞ》けていると、必ず反動がくる。君の場合は、セクシュアリティーをどう扱っていいのかわからなくなって、混乱するだろう。そういうタイプは、女性の魅力にはまって、抵抗できなくなるのだよ」

「どうすればいいのですか？　僕は」

「それは追々《おいおい》話そうじゃないか。今は、お金とのつきあいで人生がどう影響されるのかという話に戻ろう。人が、住むところから、ふだん食べるものまで、お金を基準にして考えて生活しているのがわかったかね？」

「はい、もう十分すぎるぐらいわかりました」

お金とは何か？——お金の本質を知る

「**コントロールされている相手に立ち向かうには、相手のことを知ることが先だ。**そこで、お金の本質を見ていこうと思う。君にとって、お金とは何だね？」

「そうですね〜。僕にとっては、正直よくわからないものですね。いいこともあるし、悪いこともある。たとえば、好きなことをやるのには必要だけど、本当にいる時にはないという、扱いにくいものだと感じます」

「お金は、興味深いことに、人によって違うものになる。変幻自在のものになるといえよう。借金を抱えた人間には、お金は、恐ろしいものだ。なくてはならないと同時に、自分を痛めつけるものにもなっている。また、普通の人にとっては、近づきたいけれど、近づきがたい美人やハンサムないい男のように見えるだろう。近づいていくと、自分がみじめに感じたり、拒絶されたり、バカにされているような気分を味わうことになる」

「わぁ〜、そのたとえは、僕にはよくわかりますね。近づきたいし、自分のものにしたいのだけれど、それは無理だろうとも思っているんですよね。だから気になるし、とっても興味があるけれど、向こうにとって僕は、あまりにも価値がなくて、ちっぽけな存在だろうと感じるんですよね。だから、どちらかというと、勝負する前から負けているという感じに近いかな」

僕の表現を聞いて、ホフマンさんは、笑い転げた。

「君は実にクリエイティブなものの説明の仕方をするね。ハーマンが言っていたけれど、君は、エンターテナーだな」

そう言われると、僕はまんざらでもなかった。これで、スイス人にも関西人の力を見せつけてやった！　と心の中でガッツポーズをした。先ほどまでの落ち込みから、俄然《がぜん》回復してきた。

「では、お金が女の子だとしたら、どんな子かね？」

回復していた気分が逆戻りした。油断していたが、このじいさんも、きわめて痛いところばかりを突いてくるようだ。僕は、胸のあたりにきりっとした痛みを覚えながら、考えた。

「えっと、あの、そうですね〜。女の子か……。それ、すごく苦手な分野なんですけど。お金が女の子だったら、美人で、表向きはさわやかだけど、きわめて気まぐれで性格悪そうな子です。すごく可愛くて、うまくいっている時は最高なんだけど、いつ、手のひらを返すかわからないので警戒《けいかい》しています。すぐ離れていきそうかな」

「なるほど、君の女の子とのつきあい方はそうなのかい？　その人のお金とのつきあい方は、男女関係とほぼ同じであることが多いのだよ。おもしろいね。いや、自己申告ありがとう、ハハハ」

大笑いするホフマンさんをよそに、僕は撃沈《げきちん》した。

「うわ〜、たしかにそうですね。何でわかるんですか？？？　言葉もありません……」

「一言で説明できたら、わざわざスイスまで来ることないだろう。そのうち説明してあげるから、楽しみにしていなさい。**お金との関係が自由になったら、同時に男女関係でも自由になれるものだよ。**お金とは、きわめておもしろいもので、その人によって全く別物に見える。普通の人にとって、お金は欲しいものを持ってきてくれるアラジンの魔法のランプに見えるだろう。でも、お金から自由な人間には、単なる紙きれと金属にしか見えないのだよ」

「なるほど、そうですね。お金は、人によって違うものになるんですね」

住んでいる世界によって、お金は全く違うものに見える

「素朴な疑問なんですけど、同じものなのに、どうして人によって違って見えるんでしょう？」

「それはね、住んでいる世界の温度が違うからだよ。冷たい世界に住んでいるのか、暖かい世界に住んでいるのかで、違うものになっているだけの話なんだ。冷たくて、お互いを傷つけあう地獄と、暖かく、愛に満ちている世界との違いがお金に違いをつくっている。

お金が水だと考えてみればわかりやすいだろう。水は気温が低いと、氷になるだろう。冷たい、意地悪な世界に住んでいる人にとって、水は氷になるんだよ。だから、握りしめたり、体ごと抱きついていたら、体が冷たくなって、そのうち凍傷になってしまう。また、頭に角をぶつけたら、痛いんだよ。つららのように先が尖《とが》っていると、ケガをすることもあるだろう」

冷たい世界で、意地悪な人が氷を奪い合う姿がありありと想像できた。

「もう少し暖かな世界では、氷は解けて、水になる。水は、氷より扱いやすいが、つかみにくいのだ。だから、手ですくおうと思っても、すぐに手からこぼれ落ちてしまう。

川を想像するとわかりやすいが、多くの人は、お金の川に入っていって、一生懸命水を自分のバケツに入れようと血眼になっていると言っていい。手ですくうのには限界があるし、バケツに穴があいていたりすることもあるので、あまり貯まってもいかないいんだな」

「ハハハ。自分のことを言われているようですね。ほとんどの人間は、マネーリバーのほとりの住人というわけですね」

「その通り。**人生にはもっと楽しめることがたくさんあるのに、多くの人間は、川の水を自分のバケツにたくさん入れることが人生だと勘違いしている。**きわめておもしろい思い込みだね。

そして、川べりに小さな池をつくっている。その周りにロープを張りめぐらし、『これは俺の水だ』と言いあっているわけだ。そして、バケツが大きいとか、小さいとかで、喜んだり、落ち込んでいるのだよ。きわめて馬鹿馬鹿しいドラマじゃないかね？」

「う〜ん、何となく見えてきました。それで、お金から自由になった人は、どうなんですか？」

待ちきれなくなって、僕は質問した。

「お金から自由になった人間は、もっと暖かで愛のあふれる世界に住んでいるのだよ。水であるお金は、彼らにとっては、蒸発して、空気なようなものになっている。だから、日常世界でお金のことを考えることは、ほとんどなくなる。自分の空気をよくも吸ったな!!と言って怒り出す者もいないのだよ。自分の好きなことを自分なりのスタイルで楽しんでいるだけなのだ」

僕は、天国のような場所を想像した。果たしてそんな世界があるのだろうか？

お金のことをこんなにも明快に説明してくれた人はいなかった。ホフマンさんの鮮やかな説明に、僕は静かな感動を覚えた。

自分のお金に対する価値観を検証する

「ここで、君がお金は何だと思うのか、検証してみなさい。『お金とは……』という文章をつくって、どんな価値観があるのかを見ていくのだ。深く探っていくと、自分のお金観がより正確につかめてくる。また、社会的な信じ込みの体系もわかってくるだろう」

僕は、小一時間、このワークと格闘した。

ノートに、「お金＝力　お金＝自由　お金＝友情」など、思いつく限りを書き進めた。

「お金には、思ったよりいろんなものを見ているのがわかったかね？」

「はい、自分でもびっくりしました。お金なんて単純に考えていましたが、こんなにも多くのものを見ていたなんて……」

「**お金に何を見るのかで、人生の種類や質は、全く違ったものになってしまうといってよいだろう。**普通の人は、お金に力、自由、愛情、自分の価値、男としての価値、女としての価値など、多様なものを見る。お金＝○○だという観念が、その人の人生をつくっているとも言えるだろう。一つずつ具体的に説明してあげよう」

お金に権力、パワー、影響力を見る人生

「お金にパワーや、権力を見る連中は、力に振り回される人生を送ることになる。たとえば、どちらが稼いでいるか、どちらが力強いかで、人間的な価値を決めようとするだろう。そういう人間は、お金を動かせる量で、人間の器を計ってしまう。

自分より金持ちや力のある人間には、おべんちゃらを使い、自分より目下には、横柄な態度を取るのだよ。それでは、心の平安はないし、人の尊敬も受けられないだろう。

彼らは、たえず上を目指し、飽くなきパワーゲーム（権力闘争）を繰り広げるのだよ。

そういう生き方を続けるのは、とってもストレスだろう。それは、彼らが、勝った、負けたという勝負の世界に身をおいているからだ」

お金＝自由

「お金があれば、自由になれると思っている人はたくさんいる。しかし、たくさんお金があったからといっても、必ずしも自由を得ることはできない。たとえば、宝くじに当たって、大金を得たとしよう。でも、そのお金が自分の器より大きければ、お金を失う不安で、自由を楽しむどころではなくなるのだよ。

普通の人は、お金を得るために忙しくなったり、ストレスまみれになってしまう。お金という自由を得るために、不自由な人生を送るというパラドックスに陥ってしまう。まるで、ジョークのようではないか。結局、そういう人間は、豊かにも、自由にもなれないものだ」

お金＝安心、安全

「お金に安心、安全を見る人もいる。お金さえあれば、安心できるという人だ。こういうタイプは、お金を枕元に置いて寝る。老後の不安、リストラの不安など、お金にまつわる不安におびえ、そのため、お金を貯めて、安心しようと考えるのだ。

残念ながら、安心するというのは、感情的なことで、いくらあれば安心できるということはあり得ない。将来どうなるかわからないという不安に襲われたら、いくら大金を現在持っていても、何の役にも立たないからだ。

このタイプは、安心というのは、お金では得られないということを知る必要があるだろう」

お金＝自分の価値、男としての価値、女としての価値

「お金に自分の価値を見いだす人間は、一生懸命自分のお金を増やそうと試みるだろう。持っているお金をできるだけ減らさないように細心の注意をする。それは、苦しい作業でもある。お金が減れば、自分の価値も減ることになるので、一喜一憂するわけだ。こういう人たちにとっては、お金を失うこと、損をすることは、文字通り、身を切られるような痛い体験になる。お金を払う時、『痛いね～』というのは、おもしろいことに、どの言語にもある表現なのだよ。

このタイプの人間は、自分の年収を極度に気にする。目の前の人の収入が気になる人は、この観念にとらわれているといえるだろう。

男性としての価値、女性としての価値をお金で計る人も多い。お金をたくさん稼いでいるからパワフルだ、高いプレゼントをもらったから、女性として評価されたということは、その価値観を表していると言えるだろう」

お金＝汚いもの、邪悪なもの

「お金が汚いものだと思っている人は多い。特に宗教的な環境で育った人は、そう考えるのだ。お金が汚いという信じ込みを小さい頃から持つと、その人は、お金の持つ素晴らしい側面を見られなくなってしまう。人がお金によって救われたり、喜んだりする場面を見逃し、人がお金で苦しんだり、いやな目にあったりするのに遭遇《そうぐう》するのだ。そして、『お金は汚い』という観念を真実だと確信するようになる」

お金＝友情

「お金に友情を見ると、友情にコントロールが入ってしまう。おごってもらったら友達だ、お金を貸してくれたら友達だと考える人は多い。逆に借金をしっかり返してくれたら友達だというのも同じだね。

友情には、たしかにお互いに支えあい、与えあうという要素がある。しかし、それをお金と絡《から》めないことだ。お金と絡めてしまうことで、楽しめるつきあいが、だいなしになってしまうからね」

お金に愛情を見る

「お金が愛だと思う人は、お金を使って愛情表現をしようとする。また、お金をもらったりすることで、愛を感じるようになる。さきほどの友情と同じく、無条件で与えあうというのが、愛情の本質だ。だから、もし愛しているなら、持っているお金をすべてあげるという行為は、表面的には同じに見えるかもしれない。

しかし、そこに、期待や義務が入ってくると、それは愛ではない。愛を担保にした要求になるのだよ。この要求が入り込めば、愛情は憎しみに、あっという間に早変わりする。化学実験で一滴たらせば、ビーカーに入っている液体の色がぱっと変わるのがあるだろう。ああいう働きをするのだよ、要求というのは。一つだけ覚えておくといい。人生で、今後、いっさい要求というのをやめることだ。要求してもらえることはほとんどないのだよ」

ただ聞き入るばかりの僕に、ホフマンさんはやさしく笑った。

「ネガティブなものが続いたので、ポジティブなものも説明してあげよう」

お金＝応援

「お金を応援だと思っている人は、楽しい人生を送っていると言える。誰かを応援する時には、お金で、それをやるのだから、粋《いき》にやれば、非常にさわやかだ。また、自分が受け取るお金は、誰かが応援してくれる証《あかし》だと考えていれば、勇気づけられるだろう」

お金＝感謝

「お金を感謝で受け取り、払える人は、幸せだ。お金は現代人にとっては、命の次と言ってもいいぐらい大切なものだろう。それを君にくれるというのだから、奇跡のようなことなんだよ。それに対して感謝をするのは、ある意味で当たり前だと言えよう。

金持ちは、このありがたみを肌で感じられるから、金持ちになれたんだ。逆に、普通の人ほど、お金をもらうことへの感謝が足りない。その代わりに、いつももらえる金額は少ないといって、不満を持っている。お金と感謝でつきあう生き方ができれば、お金のストレスから無縁になるというのにね」

「これで、わかっただろう。人は、自分の見たいものを見る。人生で経験してきたものをそのままお金に投影するのだよ。お金がこういうものだという周りの人の思いこみをそのまま受け継いでいるのだ。子どもの頃に接する大人たち——両親、祖父母、親戚、兄弟姉妹は、お金について、それぞれの信じ込みを持っている。そして、たいていその価値観は、矛盾《むじゅん》に満ちたものなのだ。だから、ほとんどの人はお金に関して大混乱したまま大人になり、それが死ぬまで続くのだ」

「お話を聞いていると、僕はお金から自由になるなんて無理だと感じました。足に鎖《くさり》がついていて、逃げられないという感じです」

僕は、大きくため息をついた。

お金の持つ3つの機能

意気消沈した僕を元気づけようと思ったのか、ホフマンさんは僕を外に連れ出してくれた。ロールスロイスに乗り、町に出ると、少し華やかな気分になってきた。

おしゃれなオープンテラスのカフェに到着すると、僕たちはカフェオレを注文した。町中でのレッスンも楽しいものだ。こんな普通のカフェで、億万長者が日本の学生にお金の秘訣を伝授しているとは誰も思うまい。通りの向こうに運転手とロールスロイスを待たせている大金持ちが、僕の隣りにいるなんて夢のようだ。僕は、周りの人たちをつかまえて自慢したい衝動をぐっと抑え、ノートを取り出した。周りでは、ドイツ語、フランス語、英語のほかに、僕が聞いたことがない言葉が飛び交っている。そんな中で、僕は、ホフマンさんの言葉を一言も聞き漏《も》らすまいと、全身を耳にした。

「今日は、お金の具体的な機能について話を進めよう。一口にお金と言っても、それには三つの機能がある。普通の人間は、お金にそんなに何種類もの機能があるのも知らないで生活している。こんなに当たり前のことも知らなくては、金持ちになるどころか、普通に生活するにも支障をきたしてしまうと私は思うけどね。いずれ君の時代には、こういうことは小学校で教えてあげてほしいものだよ。

それはさておいて、お金の機能について話していこう。**お金の三つの機能とは、交換機能、増殖機能、蓄積機能だ。**

この三つの機能を明確に理解しておかないと、お金について混乱してしまうのだよ。ただでさえ、よくわからないお金というものが、暴力的で、とんでもないモンスターに感じてしまう。

逆に、お金の三つの機能を正確に把握して、縦横《じゅうおう》無尽《むじん》に使いこなす者だけが、現在の世界では金持ちになっている。お金に無知な人間は、この機能の違いに戸惑い、混乱し、絶望とともに、生きざるを得ないのだよ。人によっては、自分の命すら絶ってしまう。単なる無知がそのような悲劇を生むことに私は耐えられないのだよ」

いよいよ、僕は好奇心を抑えられなくなってきた。

「もう少し具体的に教えてもらえませんか？」

「いや、悪かったね。今から説明してあげよう」と言って、カフェのナプキンに書き出した。

ホフマンさんの若い頃の先生は、間違いなく、ナプキンに書いて教えたに違いない。半ば、確信に近いものを感じた。遠いフロリダでの教えを懐かしく思い返しているうちに、ホフマンさんは続けた。

1）交換機能

「交換機能は、誰もが日常的に使っているお金の機能だ。カフェのレジを見てごらん。あの背の高くてひげの紳士が、コーヒーとお金を交換しているだろう。あれが、お金の交換機能だよ。**もともとお金は、遠い昔、道具として発明されたものだ。**お金がない時代、何か欲しくても物々交換しか方法がなかった。山に住む者は、海の者と、お互いの収穫物を交換していたわけだ。

その時にお互いに話し合いで、交換比率が決まったはずだ。魚一匹に、栗四つを同じ価値にしようという具合にね。二人だけで交換するうちは、まだ話は簡単だった。しかし、これが、野菜を持ってきたり、動物の肉を持ってくる人が現れると、もう大混乱だ。必ずしも、野菜が欲しい人間が魚を欲しいわけではない。肉が欲しいのに、目の前には栗を持った奴しかいない。肉を持っている人間は、自分の野菜を欲しがらない。彼は果物を望んでいるらしい。肉を手に入れるために、果物を持っている奴を探さなくてはならない。おーい、果物持っている奴知らないか？　なんて、探し回らなくてはならないんだよ。この手間がわかるかい？」

ホフマンさんのたとえ話は、的《まと》を射ていて、いつもおもしろかった。また、彼の声はやわらかで、ハートにびんびん響いてくる。母方、父方どちらの祖父も早くに亡くした僕にとって、おじいちゃんのお話を聞くのは、とっても心が安らいだ。

子どもの頃から、こういうことを教わっていたら、僕は今頃会社のいくつかを経営していたに違いない。それを考えると少し悔しかったが、一生こういうことを知らない人が多いことを考えると、ラッキーなんだと自分に言い聞かせた。

「話を続けよう。そこで、さっきの奴は考えた。この市場に来るみんなが、使える道具があれば、どんなに便利だろう。それを交換することにしたら、話は簡単だ。そして、みんなに呼びかけた。その道具は、持ち運びができて、小さなものにしよう。小石だと紛《まぎ》らわしいので、貝殻にすることにした。そして、それぞれが自分の持ち物と、貝殻の交換比率を決めたわけだよ。

これが、お金の誕生だ！　その後、市場では、物事がスムーズにいくようになった。魚が欲しいのに、野菜を持っている人間を探しに行かなくてもよくなったからだ。野菜を欲しがる人間と貝殻を交換し、その貝を魚を持っている人間に渡すだけでよくなったのだから。みんな、残業時間が減ったに違いない。労働組合の連中は、おもしろくなかっただろうね、ハッハッハ」

ホフマンさんのユーモアは、少しひねっていて、アメリカ人のそれとは違っていた。

お金の交換機能か、これなら僕にも理解できるな～と思いながら、メモを一生懸命取った。

2）蓄積機能

「次に蓄積機能を説明しよう。さきほど、魚を持ってきた男の話をしただろう。もし、大漁の日があった時、彼はどうしたと思う？ **自分たちで食べきれないものは、市場に持ってきたはずだ。そこで、それを貝殻と交換しただろう。けれど、何も欲しいものはない。だから、今日は貝殻をそのまま持って帰って、今度来た時に何かと交換してもらおうと考えるのは、当然のことだろう。**これが、お金の蓄積機能なのだよ」

「なるほど、余剰《よじょう》なものや労働力を貯めておけるようになったということですね？」

「まさしく、その通り。話がよくわかっているじゃないか」

僕は、ほめられることにどうも弱いようだ。すごくうれしくなってしまった。

3）増殖機能

「増殖機能とは、お金が増えていくという機能を言っている。お金は、増えていく性格があるということだよ。お金は、世界の人口が増え、物の生産やサービスが拡大するにつれ、増えていっているのだ。そして、**お金は自己増殖していく性格を持っているということだ。生き物の**

ように、必要な養分と環境があれば成長していくのだよ」

「お金の成長の仕方にも幾通りかある感じがしますが、どうでしょう？」

「そうだね。それは、お金の増え方にも、投資的な増え方と投機的な増え方の二通りあるからなんだよ。投資的な増え方というのは、そのお金を元に工場を建てたり、サービスを提供することで増えていくようなことをいう。また、投機的な増え方というのは、今の日本のように、物や土地、株にお金が流れ込んでいくようなのをいうのだ。この二つを混同してはいけない」

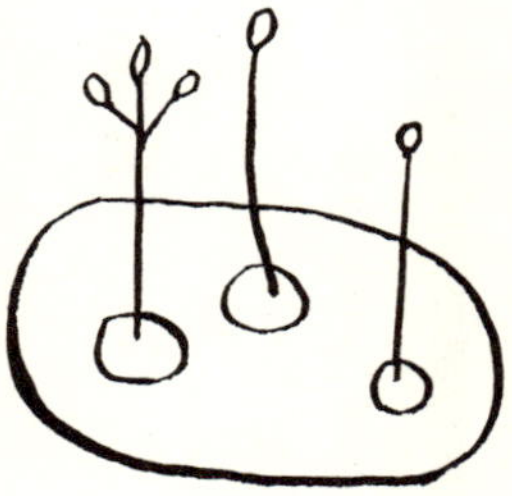

《普通の人が幸せにも豊かにもなれない5つの理由》

「普通の人は、これらのお金の機能について、考えることなく、日々の生活を送っている。だから、お金に対して戸惑ってしまうのだ。自分が労働で稼いだお金と、資産運用で金持ちが稼ぐお金は、あまりにその性質が違う。自分が使った労力と、金持ちの手間の差を考えると、無力感に襲われたりするのだ。

普通の人が、どうして幸せにも豊かにもなれないかの理由を教えてあげよう」

1) 今までの人生で真剣にお金について考えたことがない

「普通の人間は、お金について深く考えることがない。だから、金持ちになれない。朝から晩までお金のことは考えているのにね。もっとお金があったらいいとか、お金を稼ぐか、使うことには意識がいくかもしれない。しかし、お金と人生というテーマを真剣にとらえることはないのだよ」

2） 今までお金について、教わったことがない

「同じように、普通の人が金持ちになれないのは、お金のことをよく知らないからだ。テニスを考えてみればわかりやすいだろう。ラケットの握り方から、ボールの特性、ゲームのルールを知らずに、試合をやっているようなものだ。それでは、勝負に勝てるどころではないだろう。

お金というゲームにもルールがあるのだよ。それを知らずして、プレイをしているのだから、びっくりしてしまうね。

お金については、両親にも、学校でも教わったことがないという人がほとんどだろう。これほど人生で大きな影響があるというのにね」

3） 幸せに豊かになるために必要な知識と習慣がない

「金持ちになるためには、体系だったたくさんの知識がいる。お金や税金、ビジネス、人間の心理学など、様々な分野の事柄に詳しくなる必要がある。また、金持ちと、普通の人では、ふだんの習慣が全然違うのだよ。金持ちになりたければ、金持ちの習慣を身につけなければいけない」

4) 自分が幸せな金持ちになれると信じていない

「いちばんの問題は、自分にはできないと考えていることだ。『自分は泳げない』と信じている人は、水深一メートルの川でもおぼれてしまうものだ。自分の足で立てば、なんてことはないのにね。自分の足で立つということや、『自分にもできる』と信じる力はとっても大切だ。それが、すべての始まりだと言ってもいいだろう」

5) 適当な先生、コーチ、友人がいない

「さきほど、テニスの話をしたよね。それが、ゴルフであれ、テニスであれ、上達するためには、練習が必要だ。優秀なコーチについて、たくさん練習しなければ、うまくなるはずがない。時には苦しい練習も、素晴らしいコーチがいて、一緒にプレイする仲間がいれば、楽しくできるものだよ。だが、普通の人には、コーチも友人もいないのが実情だろう。テニスやゴルフのレッスンには、お金を払う人は多いだろう。しかし、お金のレッスンは、受けようともしないし、先生を探そうともしないのが普通だろう」

レッスン3
お金との関係を知る

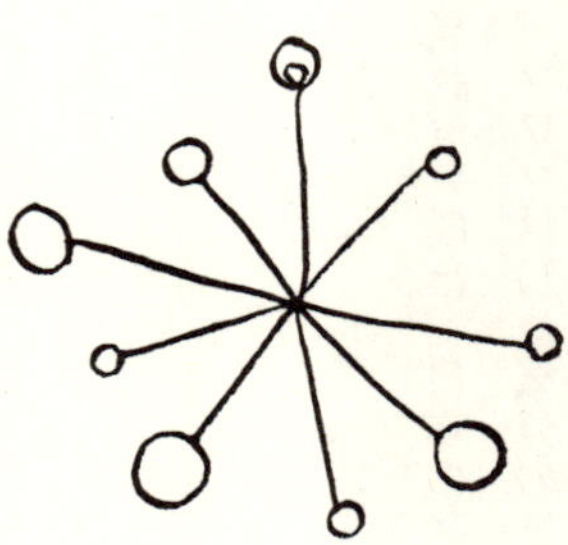

次の朝、ホフマンさんは、僕に話しかけた。

「今日は、君のタキシードをつくりに行くよ」

「え？　タキシードって、あのクラシックのコンサートなんかで着ている服ですか？」

「その通り。来週パーティーがあるのだ。君もそれに連れて行ってあげようと思ってね。昨日は深いワークになったので、ちょうどいい気分転換になるだろう」

僕は恐る恐る、聞いた。

「でも、タキシードって高いんじゃないですか？」

「もちろん、高いさ。でもご心配なく。スイスに来た記念に、プレゼントさせてもらうよ。ヨーロッパでいちばんいい仕立屋でタキシードをつくってあげるから」

すごい!! と興奮すると同時に、そんなものをとても受け取れないと感じた。どのように答えたらいいだろうとパニックに陥った時、ゲラーさんの教えを思い出した。

「信じられないような素晴らしいものが人生でやってきた時、『受け取ること、受け取ること』と三回言いなさい」

そうだ! 今こそ、それをやる時だ。僕は、「受け取ること」という呪文を三回唱えた。

「ありがとうございます。何とお礼を言っていいのかわかりません」

「将来、君が成功したら、若い人に親切にしてあげなさい。御馳走してあげたり、ものをプレゼントすることは、老人にとって、大切な楽しみの一つなのだよ」

ミリオネアたちのパーティー

次の週、僕は、ぴったりと自分の体に吸い付くようなタキシードに身を包み、ホフマンさんと一緒に、ロールスロイスの後部座席に乗り込んだ。この場面だけ見れば、僕は、日本のプリンスにでも見えたかもしれない。雲の上を漂っているような感じで、フワフワした気分のまま、会場のあるホテルに到着した。

会場に入ってみると、その華やかな雰囲気に圧倒された。女性は、イブニングにまばゆいアクセサリーをつけ、男性も恰幅《かっぷく》のいい紳士が多く、いかにもみんな金持ちそうだった。最初はホフマンさんの後を金魚のフンのようについていきながら、いろんな人を紹介してもらい、ようやくパーティーにも、慣れてきた。

主賓のスピーチが始まった。飢えるアフリカの子どもたちを救おうという趣旨だった。みんなは静かに聞いていた。感動的なスピーチが終わると、全員で拍手喝采《かっさい》した。その後、豪華な食事が会場に運び込まれ、パーティーが始まった。みんな楽しそうだったが、僕は、どうもこの構図になじめなかった。

僕を悩ましたのは、アフリカの飢えというテーマと、目の前に山と積まれた料理とのギャップだった。これだけの食べ物があれば、アフリカの子どもたちはどれだけ助かるだろう。パーティーの主旨からすれば、まずその分のお金を送るのが筋ではないかと思ったのだ。

集まっている人たちは、みんな悪い人たちではない。寄付をしようというのだから、どちらかというと人間の質はいいほうだろう。

しかし、さっきまで泣いていたおばさんが、肉のかたまりをほおばるのを見て、どうも釈《しゃく》然《ぜん》としないものを感じた。主賓の人が、「今晩は一食抜いて、子どもたちのお腹がすいた状態を体験してみましょう。その分のお金を送りましょう」とみんなに呼びかけたなら、僕はもっと納得できただろう。何となくもやもやした複雑な思いを処理しきれずにいた。

人生最大級の衝撃！

それは、日本にしばらく住んだことがあるという、ドラム缶のような体型のおばちゃんの一方的なおしゃべりに生返事をしていた時だった。

僕の名を呼ぶホフマンさんの声に気づき、振り返った瞬間、隕石《いんせき》が僕の人生に降ってきた！ 人生最大級の衝撃が僕を襲った!!

僕は女神を見た！ あれほど美しい人を見たのは、生まれて初めてだった。その女性は輝いていた！ 人間にオーラがあると聞いたことがあるけれど、初めて実物を見たと僕は思った。

彼女は、僕と同じ年齢ぐらいだろうか。純白のドレスに、栗色の髪をアップにして、美しいパールの首飾りをしていた。ホフマンさんと楽しそうに話をして、僕のほうをちらっと見た。にこやかに笑っている。二人に近づくと、彼女は思ったより背が高く、僕より少し高そうだった。無意識のうちに、僕は背筋をしゃんとして、つま先で歩き、数センチ背伸びしながら近づいていった。

「やあ、どこにいるかと探していたよ。君に紹介したい人がいるんだ」

もちろん、そう来なくっちゃ！　日本のプリンスを紹介してよ!!　おじいさま。

僕は、心臓が口から出そうになるのを押さえながら、人生でいちばん素敵な笑顔を絞り出した。

「彼女はフローラというんだ。彼女も大学生で、たしか君と同い年だよ」

「はじめまして。日本からやってきました。スイスは素晴らしい国ですね。僕はスイスに来てからハッピーになりました。天気もいいし、山はあるし、最高ですね」

緊張のあまり、訳のわからないことを言った僕にかまわず、彼女は言った。

「日本は私のあこがれの国です。京都のお寺に行くのが私の夢なんです」

女神と言葉を交わして、僕は頭がクラクラした。ぜひ、日本へ来てください。僕がお連れしましょう。今すぐに！　何を馬鹿なことを考えているんだ！　わぁ、どうしよう。僕は、頭の中に何人もが急に引っ越してきたような事態に戸惑った。

それから何を話したのか、よく覚えていない。ホフマンさんが、楽しそうに僕たちを見ていたのは覚えている。そして最後に、彼は言った。

「では、フローラ、彼はしばらく私の家にいるので、また泊まりに来なさい」

「ええ、喜んで！　では、また会いましょう」と彼女は僕に言うと、ホフマンさんと別れのキスをした。

僕は、頭が爆発しそうになった。女神が泊まりに来る⁉　僕のために？

そんなことがあっていいのだろうか？　そんなに僕のことが気に入ってくれたのだろうか。いや、初対面でそんなことを言うはずはないだろう。自分でもその誤解におかしくなってしまった。ホフマンさんと親しげに話している様子を見ると、彼女も弟子の一人なのだろうか？

その後、パーティーで誰と何を話したのかの記憶がとんでいる。僕は、ただ女神が家に遊びに来ることしか考えなかった。帰りの車で、ホフマンさんが語りかけた。

「どうだった？　パーティーはおもしろかっただろう？」

「ええ、とっても。年配の方ばかりが来ると勝手に思っていたんですけど、意外と若い人も多かったですね」

それとなく話題をふって、女神の情報をゲットしようという作戦に出た。

「そうだね。いつももう少し年寄りが多いのだけれどね。フローラの友達がたくさん来ていたのかもしれない。あ、そうそう、君のことを素敵な人だねと言っていたよ」

女神の名前を聞くと、僕は、ビクッとした。彼女が僕のことを高く評価してくれているなんて‼　天にも昇る気持ちというのは、こういう気持ちだったのか！

「そうそう、君に言うのを忘れていたけれど、フローラは私の孫なんだよ」

ん？　孫？　予想もしなかった状況に僕は、あごがはずれそうになった。失礼だが、こんなしわくちゃなじいさんから、あんな女神が生まれるなんて、あり得ない！　と僕は思った。その後、ホフマンさんがいろいろと話しかけていたが、僕は、女神のことで頭が一杯で、適当に話を合わせるだけだった。どうやら、僕は生まれて初めて恋に落ちたらしい。

人はどうしてお金を欲しがるのか

次の日、僕は人生で最高の目覚めを体験した。ハッピーに目覚めるというのは、この感覚なのだろう。今セールスに出れば、電球だって、何だって、あっという間に売れるに違いない。

森のテラスで、朝食後のお茶を飲みながら、ホフマンさんは語り出した。

「お金の問題に見えるほとんどのものは、実は感情の問題なんだよ。お金に対する感情が解けていないために多くの悲劇、喜劇が生まれている。お金に関する様々な感情を一つひとつ解きほぐすことをやらずに、お金から自由になることはできない」

「それを聞くだけで、もう僕には絶対に無理だと感じますね。僕にとって感情は、どうしようもなく制御《せいぎょ》不能なものですから」

「まあ、君のような若者がそう感じるのも無理はないな。しかし、感情と向き合うのがどれだけ難しいかを認識しているだけでも、普通の人よりは格段に進歩していると言えるよ。普通の人は、見たくない感情に直面することなく、それから逃げ回るだけの人生を生きているからね。仕事、テレビ、読書、ギャンブル、ゲーム、お酒、セックスなど、逃げ込むところはたくさんあるからね。

人は、お金にはすごい力があると信じている。その信じ込みにより、多くの人にとって、お金は、途方もなくパワフルな存在になってしまうのだよ。

お金は、人間関係、男女関係、健康……すべてのことにリンクしているのだ。仕事、お金、人間関係、健康、セクシュアリティーは、人間の感情を最も動かす。殺人が起こるのも、こういった分野のトラブルが原因になっていることが多い。自分が、お金に対してどのような感情を持っているのかを理解することなしに、お金と平安につきあうことはできない」

男女関係というところに、過剰に反応してしまう自分が恥ずかしかったが、ホフマンさんは、気がつかなかったようだ。

「今朝は、人がどうしてお金を欲しがるのかについて話してみよう」

「ぜひ聞きたいですね。お願いします」

生活のため

「最初の理由は、意外に思うかもしれないが、生活のためなのだ。普通の人は、お金は生きていくために、絶対に必要なものだと信じている。だから、お金はなくてはいけないものだと信じて疑わないのだよ。命の元とまで考えているのだ。生存とお金が感情的にリンクしているので、普通の人は、人生を変えることができない。好きなことをやって生きていきたいと感じても、生活があるから、無理だと思いこんでしまうのだ。それは、いくらあれば、最低限の生活ができるのかを知らないためなのだ。君はいくらあれば生活できるか知っているかい？」

「僕は、本代、自己投資にすべてをかけていたので、最低生活費をよく知っています」

「とてもよろしい。だから、君は、自分の人生を変えることができるのだ。この違いを知る者は幸いだ。生活のために本当に好きなことをあきらめるほど寂しいことはないからね。**好きなことを仕事にするまでの移行期を乗りきるには、最低限の生活費を知ることが、とても大切なのだよ**」

安心感を得るため

「さっきと同じ理由で、お金から安心感を得ようとする人は多い。お金があれば、人生を不安なく生きられると思っているのだ。だから、必要以上にお金にしがみつこうとしている。そういう人たちをお金の亡者《もうじゃ》だとは思わないが、**人生への不安が、彼らにお金がもっと欲しいと思わせてしまうのだ。**

一生お金に困らないはずの億万長者がお金に執着するのも、この不安から逃れられないからだよ。彼らは、自分がお金に執着しているのも忘れてしまうぐらい、お金の不安から逃れたいと思っているのにね」

権力やパワーを得るため

「お金をパワーだと思っている人は、その力が欲しいと考えるのは当然だろう。お金を持っていると心強く感じられるのは、その人が、お金にパワーを見ているからなんだ。

君がお金にパワーを見ていたのは、この間の話でよくわかった。しかし、その理由のために、お金に魅入られてしまうのだよ。誠実な市民派の政治家が汚職で失脚してしまうのも、このためだ。彼らは、決して自分のためにお金を持とうとしたわけではないと思う。しかし、お金を欲しい理由が力であるために、結果的に、その力にやられてしまうのだ。

自分に自信がない人間ほど、パワーを得たがるものだ。しかし、お金やパワーというのは、おもしろいもので、得れば得るほど、もっと欲しくなるのだよ。まるで、遭難した筏《いかだ》の上で、海水を一口飲んでしまうようなものだ」

愛情、友情、歓心を得るため

「愛情、友情、歓心を得るためにお金を求める人は多いだろう。**お金があれば、いい格好をして、いい車に乗って、ガールフレンドをデートに誘えるのに！　と思っているのだ**」

僕は、動揺した。まさしく今の自分が考えていること、そのままだったからだ。ホフマンさんは、続けた。

「しかし、それではますます人生を複雑にしてしまうだけだ。お金をかけることで一時的に、愛情や友情を得られたとしよう。しかし、お金や持ち物、車がなくなってしまったら、もうお終いだと思えば、それを失う恐れとともに暮らさなければならなくなる」

自由を得るため

「お金さえあれば自由になれるのに！　と考える人間は、宝くじ売り場の行列に並ぶ。または、安易な儲け話に首を突っ込むのだ。**真の自由を得たいなら、まず内面に自由をつくり出さなければいけない。**たしかにお金があれば、ある程度の自由を買うことはできる。しかし、いくらお金があっても、内面に恐れがあっては、自由になることはできないのだよ」

社会を見返すため

「小さい時に、貧乏を体験した人間は、社会が敵になっている。だから、お金持ちになって社会を見返すのだ！　と考えるようになる。しかし、社会というものは実態がないのだよ。だから、社会という目に見えない人間を相手に、ゲームを続けなければならなくなる。でも、**社会を敵にして生きる人は、わざと高いものを買ったり、見せびらかしたりするものだよ。**そういう行動に出れば出るほど、見返すどころか、見下されてしまうのがオチなのだ。なぜなら、そういうお金の使い方をする人間は、いちばん格好が悪いからだよ」

愛、友情、感謝を示すため

「お金を欲しがるのは、ネガティブな理由だけではないだろう。愛や感謝、友情を示すためにお金を欲しがる人もいる。彼らにとっては、お金があれば、もっと感謝を示せるのにと思っているのだよ。**家族やパートナー、友人に感謝や愛を表すために、お金を使うことはできる。**

私は、二一世紀になれば、すべての人が、感謝でお金を使うようになってほしいと思っている」

レッスン4

お金との過去と向き合う

パーティーから数日たって、フローラから電話があった。英語を教えてほしいというお願いだった。そのお礼に、ジュネーブの町を案内してくれるという。この願ってもない申し出に、僕は小《こ》躍《おど》りした。二つ返事で引き受けたのは、言うまでもないだろう。

前の日、デートのリハーサルで頭がいっぱいになり、ほとんど寝られないまま、朝を迎えた。彼女にとっては、外国から来たゲストへのほんの親切心なのかもしれないが、僕にとっては、真剣勝負だ。

フローラとの初デート

玄関のベルが鳴った。二階の窓から見ると、ジーンズにピンクのセーターでやって来たフローラは、やっぱりまぶしかった。

どこに行っても、僕はハッピーだった。彼女も楽しそうにしていたことが（少なくとも僕にはそう見えた）、ますます僕を幸せにした。

ランチの頃までに、僕たちは、ずいぶん親しくなっていた。アメリカで、僕が折り鶴を使ってゲラーさんに弟子入りしたエピソードでは、フローラの尊敬のまなざしを感じた。感動するとドイツ語になる彼女の声は、アルプスの空気のように透明で、歌を聴いているようだった。

フローラとの会話は、どんなテーマでも弾んだ。それが天気であれ、映画の話であれ、文化的な話でも変わらなかった。どんなことを話しても、最後には、僕たちのどちらもが、「me, too」（私も同じ!!）という言葉を叫んだ。人種、文化、性別が違うのに、こんなに話が合うなんて、夢のようだった。

川のほとりを二人で歩いていると、自然と寄り添うかたちになり、ときどき肩と肩とが触れた。ほんの数センチ、僕が手を動かせば、彼女の手に触れることができただろう。でも僕にはそれができなかった。一度、何かの拍子で二人の手が触れたが、お互いにすぐにひっこめてしまった。そんなことは起きなかったかのように話に没頭するのだった。それでも僕は天国にいるようだった。心の平安、幸せというのは、こういうことだったのかと、僕は初めて実感したのだった。それも、当然だろう。僕は何と言っても女神と一緒にいるのだから。

お金のワークショップ

ひとしきり観光をした後、彼女は、僕をお金の勉強会に誘ってくれた。ちょうど、その日の夕方、ホフマンさんの弟子の一人が、ワークショップでお金のことを教えてくれるという。フローラもよく知っているというオルガという女性が講師をやるらしい。会ってみると、彼女も、聡明で知的な美人だった。

一緒に会場に入ると、二〇人ぐらいが、ぐるっと円になって置いてある椅子に座って待っていた。僕とフローラは仲良く隣り同士で座った。何が始まるのかわからなかったが、僕はもうそれだけで十分満足だった。見回すと、そこに来ている人は、女性と男性が半々ぐらいで、年齢は、二〇代から六〇代ぐらいまで様々だ。

「お金まわしゲーム」で経済を学ぶ

オルガがにこやかに話し始めた。

「先週は、社会の仕組みとお金がテーマでした。今日はみなさんに、経済というものを実感してもらいます。では、一〇〇フランをみなさん財布から出してください」

みんな財布からお札を取り出した。一〇〇フランといえば、一万円以上だ。僕にとっては、大きな金額なのでドキドキした。

「それを右手で持ってください。隣りの人は、それが偽札《にせさつ》じゃないか確かめてみて」

みんな笑いながら、お互いのお札をチェックしあった。和《なご》やかな雰囲気の中、みんなは右手に一〇〇フランを持ちあげた。

「**では、それを右隣りの人に渡してください。それと同時に、左手で、左隣りの人からお札を受け取ってください**」

最初は要領がよく飲み込めず、渡すのともらうのを同時にできなかったりして、少なからぬ混乱があった。僕はといえば、お札をフローラに渡す時に、手と手が触れあってドキドキしていたので、隣のおばさんにつつかれるまで、すっかり受け取るほうを忘れてしまっていた。

「どうですか？　みなさん。これが今日の最初のレッスンです。経済活動は、あげるのと、受け取ることで成り立っています。どちらがうまくできましたか？　与えるほうですか？　それとも受け取るほうですか？」

グループが、ザワザワした。「私は、どっちも下手だった」とか「お金をつかもうと思ったんだけど、慌てちゃったよ……」など、あちこちで、みんながしゃべり出した。

「誰かよかったら、グループと感じたことをシェアしてくれない？」

一人の中年の女性が手を挙げた。

「私は、セーラといいます。さっきのゲームでは、あげることばかりに気がいってしまいました。相手が落とさずに受け取ってくれるかどうかに意識がいって、自分が受け取るお札を床の上に落としてしまいました」

みんながどっと笑った。ワークショップの参加者は、多くが昔からの仲間で、みんなセーラの性格も知りぬいているようだった。

「そう、みんなもわかっている通り、笑っちゃうけど、それが私のお金の現状を物語っています。あげることばかりで、受け取り下手なのよね」

そう言った後、セーラもみんなと一緒に快活に笑った。

フローラが手を挙げた。

「私は、ケンからうまく受け取ることばかりが気になって、あげるほうをすっかり忘れてしまいました」

いきなり僕のことが話題になったので、ドキッとした。みんなも冷やかすようにニコニコ笑いながら、僕たちを見ている。僕は自分でも恥ずかしくなるほど、赤くなってしまった。

そんな僕に助け船を出すように、オルガが続けた。

「そうね、私たちはあげることか、受け取ることのどちらかに気がいってしまって、なかなか両方を同時にうまくやることはできないものです。では今度は、あげるほうと受け取るほうの両方を意識して、もう一度やってみましょう」

オルガの合図で、お札が円をまわり出した。最初は、グループ全体に何とも言えない緊張感があった。本物のお金を使っているせいか、なかなかスムーズにお札がまわらなかった。しばらくすると、みんなコツをつかんだのか、順調に滞《とどこお》りなく、お金がまわり出した。オルガは、そのまま続けてと大きい声で叫んだ。

「**いい？ みんな。これが経済よ。お金はぐるぐるまわっていくものなの**。では、次にもっと早くまわしてみて！ もっと早く！」

お札をまわすゲームに慣れてきた僕たちは、笑顔でどんどん早く隣りにお札をまわした。

「これが、好景気よ。でも、お金をまわすのは本当に疲れるわね」

オルガの大げさな言い方に、みんなは大笑いした。和やかな雰囲気の中で、僕らは「お金まわしゲーム」を楽しんでいた。

すると、オルガは、円の後ろから、大きな声で叫んだ。

「では、ある事件が起こりました。いったいどうなるでしょう?」

と言って、円の中の一人の右へ渡すべきお金をぱっと横取りした。すると、瞬間的に部屋の空気が変わった。和やかな空気が吹っ飛び、緊張と混乱が部屋を支配した。「ちょっと!」「何しているの!」と言う人や「きゃー」というわめき声まで聞こえてきた。なかには、けんか腰で、お札の引っ張りあいっこをしている人もいる。

さっきまでの和やかな雰囲気はどこかに吹き飛んだ。友人同士の間で、お札の奪い合いが起こり、大混乱となった。お札を右の人に渡したものの、左から来なくて、両手が空《から》になった人、両方の手にお札を握りしめた人などがいた。

自分の中の「お金への執着」

混乱がピークになった時、オルガが叫んだ。

「はい、みんな、ストップ。目を閉じて、今の感情を感じてみて」

部屋が静かになり、みんなそれぞれの場所で、目を閉じた。

「いいかしら。さっきのが世界大恐慌よ。お金に対する恐怖や貧困意識が世界全体を覆い、誰もそれに抵抗したり、止めたりすることができない。それが、経済なの。一個人が何を感じようと、**経済はダイナミックに、多くの人を感情的に飲み込んでいく津波のようなものなのよ。**では、深呼吸をしてから目を開けてください。誰か話したい人いる？」

ぼんやりとした顔で、三〇歳ぐらいの男が手を挙げた。

「はっきり言って、さっきのワークは衝撃でした。怖かったです。ほんのついさっきまでは楽しかったのに、一瞬にして地獄につき落とされたような感覚でした。

子どもの頃、父と母がお金でケンカしていて、すごく怖かったのを思い出しました。お金に関する恐怖を感じたくないので、ふだん忙しく仕事をしていたのに気づきました。ありがとう」

今度は、赤いセーターを着た年配の女性が手を挙げた。

「私も、まだ全身のあちこちに恐怖が残っているぐらい、怖かったわ。最初は単なるゲームなのに、みんな何やっているのよと笑っていました。けれど、みんながパニックに巻き込まれているうちに我を忘れて、気づいたら、私もお札を引っ張りあっていました。ふだん見ないようにしていましたけど、自分の中にお金への執着が結構あるのに気づきました」

みんながうなずいた。僕も、なるほどと思った。僕にも、間違いなくそういう部分はある。

彼女のコメントに続いて、黄色いカーデガンを着た、かわいらしい若い女性が続けた。

「私は怒りを持っていたことに気づきました。自分はお金をしっかり隣りの人にちゃんと渡したのに、お札がまわってこないことに怒りが出ました。そのうちに奪ってでも私の取り分を確保しなくちゃ！ という暴力的な気分になりました。そんな浅ましい自分にも腹が立ちました。頑張っても、たいした収入にもならないし、自分にもお金を使っちゃいけないっていう感じがあるんです。どうして、私はお金を自分のために使えないんでしょう?」

「では目を閉じてみて。私は自分にお金を使えない、と何回か感情を込めて言ってみてちょうだい」

オルガに促されて、その女性は目をつぶったまま何度かつぶやくと、静かに涙を流した。

「今、どんなイメージが見えるかしら。思いつくままに言ってみて」

「はい、小学生の頃の自分が見えます。お金のことで、両親がケンカしています。私が、私が、原因なんです。私が我儘《わがまま》だったのがいけないんです……」

彼女は、わぁっと泣き出した。僕は、びっくりして、その人を見た。

オルガが静かに続けた。

「何があったか、目をつぶったままでいいから説明してくれる?」

「ああ、私が、ピアノを習いたいって、お母さんに言ったのが悪いんです。そしたら、お母さんは、喜んでくれたんですけど、お父さんがそんな余裕は家にはないと言い出して、二人がケンカを始めたんです」

「それで、そのとき、どう感じたの？」

「私が悪いんだ。私がピアノを習いたいと我が儘を言ったから、お父さんとお母さんがケンカしているんだって」

「落ち着いて。深呼吸をして、三人を見てごらんなさい。お父さんが何を感じていると思う？」

「何を感じているかって？？　えっと、何だろう？　イライラ、悲しみ、絶望……」

「もう一度、深呼吸をして。どうして、お父さんは、そういう気分になっているの？」

その女性は、深呼吸をして、少し落ち着いた。

「それは、一生懸命働いているのに、収入が全然追いつかないから。子どもは大きくなるし、お金はかかるし、それで、不安に感じたり、十分なお金を稼げない自分が情けないみたい……。それって、今の私と同じだわ……」

「お父さんも、今のあなたと同じような場所にいたのがわかったわね？」

「はい……」

「では、同じ苦しみを抱えているお父さんをあなたなりの方法で、抱きしめてあげてくれる？

お父さんとあなたは、同じだったのよ。今、彼のことを理解できるわね？」
うなずく彼女の目から、涙がこぼれた。

お金で傷ついた心を癒す

「では、今度は、お母さんの状態を見てみて。そして、彼女が何を考えているのか感じてみて」

「えっと……。やっぱり同じように、イライラ、無力感、絶望感……」

「二人の中で同じことが起こっているのがわかったかしら。二人とも、同じような痛みを感じていたのに、それに対してどう対処していいのかわからなかったのよ。彼らが悪いわけではなく、まして、あなたが悪いわけでもない。二人が痛みを感じたのは、それは人間だから。誰も完全じゃないのよ」

彼女の閉じた目から、またひとすじ涙が流れた。オルガは、静かに続けた。

「では、小さい頃のあなたを見てみて。その子は、今どんな感じなの？」

「おびえています。そして、どうしていいのか、訳がわからなくなっています。自分のせいで、両親がケンカしているのに、何もできない……」

「**大人になったあなたが、その子を抱きしめてあげて。**大丈夫よ。お父さんとお母さんは、あなたが原因でケンカしているわけではない。彼らも、傷ついたまま大人になっているだけだって、言ってあげてくれる?」

「はい」

最初は苦しそうな表情だった彼女は、次第にやさしい平安な顔になった。

「今、どんな感じ?」

「はい、落ち着きました。今はニコニコ笑っています」

「では、両親はどういう状態ですか?」

「相変わらず、苦しそうです」

「では、二人のところに行って、ぎゅっと抱きしめてあげて。そして、『二人とも、大丈夫。恐れなくてもいいのよ』って言ってあげて」

彼女の表情がまた、平安な感じになった。

「今はどう?」

「そうですね、二人とも幸せそうに笑っています」

「では、小さいあなたもそこに加わって、三人でニコニコ笑っているのが見えるでしょう?」

「はい、平安な感じです。私が、ずっと望んでいて、手に入らなかった家族の幸せです」

「では、そのまま目をつぶったままその状態を楽しんでね。では、他の人は準備ができたら、目を開けてください」

オルガは、さわやかな笑顔で、今起きたことを説明してくれた。

「さっきやったのは、潜在意識にある家族のイメージをヒーリングしたんです。**昔起こった家族のドラマに立ち返って、何が起こったのかを知ることは大事です。そして、そのイメージを書き換えることで、癒しが起き、時間差を経て、現実の生活が変わるんです。**実際に、多くの人が人生で大きな変化を体験しています」

グループの何人もが深くうなずいた。僕は、ぼんやりと聞いていたが、体が軽くなったようで、気持ちが楽になっていた。

その後、オルガのリードで、いくつか実習をやった。どれも、目から鱗《うろこ》が落ちるようなものだった。たった二時間で、お金というものに対する認識がずいぶん変わったように思う。


「あなたならできると思う」

ワークショップからの帰り、フローラとカフェでお茶を飲んだ。彼女は自分の生い立ちを話し始めた。父親は成功した実業家で、幸せに結婚している。でも、自分は小さい頃から、ずっと自分の家が金持ちだということになじめなくて悩んできたらしい。自分にはたいした才能もないのに、親が金持ちだけだという理由で周りの人から大切にされるなんてフェアーじゃないと言った。そして、先日の慈善パーティーについても、語り出した。

「私、あなたに初めて会ったパーティーで、本当に苦しかったの。アフリカの飢えを語るなら、どうして、あんなに食べきれないほどの食事を出すのかしら。ああいうのに私は耐えられないの」

「そうだったの？ 実は、僕も似たような違和感を感じていたよ。でも、そんな野暮《やぼ》なことを言ってはいけないのかと思って、ずっと黙っていたんだ。君も同じように感じていたなんて、とってもうれしいよ」

「私の問題はそこなの。自分の感じていることをあなたのように、はっきりと口に出せないことなの。何を言ってもバカにされそうな感じがして、黙ってしまうことなのよ。ブスで頭の悪いフローラに何がわかるって言われそうな気がして……」

僕は、びっくりした。こんなにきれいな女神が、自分のことをきれいだと思っていないなんて、どうなっているんだ？？ でも、「そんなことないよ。君はきれいだ。世界一美しい！」という言葉が、喉《のど》まで出てきても、それを口にすることがどうしてもできなかった。フォローの言葉を探しても、何も気の利《き》いた言葉が出ない。ビジネスや政治がテーマなら、何時間でも話せるのに、ことが恋愛になると、僕のボキャブラリーは、とたんにゼロになるのだった。気まずくなった僕は、さっきのワークショップに話題を移した。

「ねぇ、フローラ。連れていってくれて、本当にありがとう。最高だったよ。僕は、ああいう仕事にあこがれるなぁ〜。人の価値観を整理してあげて、癒すなんて、素晴らしい仕事だね」

「そうね、ほんの少しの時間でも、お金に対する考え方が変わるものね」

「あのワークのおかげで、お父さんかお母さんが変わるとするよね。そしたら、その子どもたちが影響を受けて、幸せに生きることができたとしたら、なんてすごい影響力なんだろう。そうやって、**お金から自由になる人が増えたら、どんなに素晴らしい世界になることか！**と思ったら、すごくワクワクしたよ。でも、実際に自分の生活にまで適用しようとすると、どれだけできるのかなっていう気分にもなったけれどね。やっぱりお金から人間が解放されるのは難しいのだろうか？」

「私は、そう思わないわ。時間がかかるかもしれないけれど、それは実現可能だと思う」

話していくうちに、フローラのことは、すっかり吹き飛んで、さきほどのワークやみんなの話に、完全に心を奪われていた。

「僕は、まず自分を解放することさえできるのかなと思うと、正直、絶望的な気分になったよ。まして世界人類がお金の呪縛《じゅばく》から解放される日なんて、そんなことがあり得るのだろうかってね」

「あなたならできると思う。私には感じるの。それだけでなく、あなたなら、きっともっとすごいことをやっていくでしょう。でも、あなたは世界のことは考えるのに、自分の個人的な生活や周りの人にはあまり興味ないようね。私には、少しそれが残念だわ」

僕は、彼女の言葉を聞き流し、ひたすら世界のビジョンについて語っていた。ワークショップから得たインスピレーションが、僕を完全に舞い上がらせ、目の前に最愛の人がいるのも、忘れてしまっていた。今思えば、あの瞬間が人生で大切なタイミングだったのかもしれない。

深夜のレッスン

家に帰ると、ホフマンさんは、本を読みながら起きていた。しかけたいたずらが、うまくいったかどうかを知りたがる子どものような顔で、意味ありげに笑っていた。

「どうだったかい？　フローラとの一日は？」

と訳知り顔で言った。さっきまでお金のワークに意識がいっていたのに、急にフローラとの関係に焦点が当てられた。僕は、恥ずかしさのあまり、しどろもどろになってしまった。

「まあ、いい。あんまりからかっちゃいけないな。それで、オルガのお金のワークはどうだったかね？」

「すごくおもしろかったです。でも、聞きたいことがいっぱいあります」

「もちろん、こちらも、いろいろ教えたくて、今か今かと君が帰るのを待っていたんだよ」

それから、二人で、お気に入りの暖炉の前のソファに座った。ホフマンさんは、本当に人に教えるのが好きらしい。ゲラーさんとは違って、ストレートでわかりやすい人だ。

「ホフマンさんから聞いていましたが、お金と感情があれほどまでに関係があったとは、改めてびっくりしました」

「頭で理解していた知識が、知恵になったということだね？」

「はい。僕はお金とは、単なる数字だと思っていましたからね。父が税理士だったせいかもしれません。それから、家族関係がお金とのつきあい方に大きな影響があったのにも、驚きました。そこまで影響があるとは、考えてもみませんでした」

「いいところに気づいたね。家族関係については、あとで詳しく説明してあげよう。他に何かおもしろいと思ったことがあったかね？」

ホフマンさんは、ニコニコして僕に問いかけた。ゲラーさんが、真剣に考えさせるのに比べると、ホフマンさんは、直感的な気づきを重視しているようだった。

「そうですね。僕がおもしろいと思ったのは、お金とのつきあい方には、人それぞれパターンがあるということです。使うのがうまい人は、稼ぐのが下手だったり、その逆のパターンの人もいます。それぞれのタイプの人が、なかなか自分を変えられないのを目の前で見て、非常に興味深かったです」

「その通りだよ。**お金とのつきあい方には、パターンがあるのだよ。世界中に多くの文化があるけれど、このパターンはおもしろいように同じなのだ**」

「へぇ〜、そうなんですか。でも、ワークショップに来ていた人と、僕の友人のお金のパターンがそっくりだったので、納得できます。おもしろいですね。ぜひ、そのパターンを聞いてみたいです！」

「何のために、私が夜更《ふ》かしをして、待っていたと思う？」

話したくてたまらない様子の老齢のいたずらっ子の目が輝いた。

「よろしくお願いします‼」

僕は、上等な革張りの椅子に、居住まいを正した。

お金とつきあうパターン

「普通の人は、お金との間に人間関係のようなある種の関係を持つことを知ってもらいたい。

たとえば、ある人は、お金を怖い人のように恐れる。また、ある人は、お金を困った人のように、追い払ったり、避けようとする。別の人は、お金が逃げないように、地下室に閉じこめようとするかもしれない。また、ある人は、友人のように扱うだろう。それぞれに固有のパターンがあって、おもしろいことには、このパターンは一生を通じて、なかなか変わることがないのだよ」

初めて聞く話に僕はワクワクした。そして、彼が話す一言一言に、全身で集中した。

「**金持ちになっていく連中は、自分のパターンを見極め、それを変革していく努力を日常的にするのだよ。**一方、普通の人は、親、親戚、近所の人に影響されたまま、一生を終える」

「もう少し具体的に言ってもらえませんか?」

「たとえば、君の知り合いでとってもケチな奴はいるかな?」

僕は、しばらく考え、中学校の友人を思い出した。

「います、います! とびきりすごいのが。彼は舌も出さないっていうぐらいケチなんです」

「君は、彼の両親に会ったことがあるかい?」

「ええ、お母さんなら会ったことがあります。それが母親は彼に輪をかけたケチで、僕たち友達が遊びに行っても、お菓子も出してくれないんです。水を飲めばいいだろうって言うんですよ。貧乏じゃないんですよ、彼のうちは。どちらかというと金持ちです。でも、ああやってケチに徹しないと、金持ちになれないんだねって友達と変に感心したことを覚えています」

「そういうことなんだよ。人のお金観というのは、両親に影響されるのだよ」

「でも不思議ですね。彼の弟は全く逆なんです。どちらかというと、金銭感覚がルーズなタイプで兄弟で全然違うなっていう話をしてました。それはどうしてなんでしょう？」

「それはね、家族でバランスを取るからだよ。ケチな人ばかりの家族には、たいてい浪費家が出てくるのだよ。彼は、ケチな親やお兄さんのことがイヤで、対極にいっているにすぎない。

普通の人は、両親、兄弟、姉妹、親戚のお金の価値観に沿って生きている。たとえば、お金を出すのがもったいないと考える一族の中で生まれ育ったら、そのように考えても不思議はないだろう。**一族のお金に対する考え方が、新しく生まれてくる子どもの運命をも決めてしまうと言える**」

「怖いですね。でも、何となくわかるような気もします」

《お金の9つのタイプ》

「具体的にはどんなタイプがあるんですか？」

「では一つひとつ説明してあげよう。私が今から君に話すことは、すべてメンターから教わった。この分類は、ローマ時代からあるものらしい。それだけ人間というものは変わっていないということだろう。大きく分けて九つのタイプがいるのだよ」

1）浪費家

「このタイプは、お金は楽しむためにあると考えている。だから、手元にお金があってもなくても、お金を使ってしまう。まるで邪魔なものを処分するかのように、次々と意味のないものに散財するのだよ。このタイプは、お金を使うのが好きなだけで、買ったものに興味がなかったりするのが興味深い。買い物をする時はワクワクして興奮状態にあったのに、帰ってきたら、買い物袋に見向きもしないなんてことがあったりするのだ。彼らはお金というエネルギーとじっと一緒にいるのが難しいのだよ」

2）ケチ

「このタイプは、お金を使うことは罪悪だと考えている。だから、少しでも出費につながりそうなことはやらないのだ。お金がかかるという理由であきらめることも多い。このタイプの人が休日にテレビを見て過ごしたりするのは、お金を使わなくてすむからなんだよ。

彼らの唯一の行動基準は、お金がかかるかどうかだけなのだ。こんなタイプが両親だったら、最悪の子ども時代を送ることになる。やりたいこと、好きなことをすべて『お金がかかる』という理由で反対されるからね」

3）ケチな浪費家

「このタイプは、不思議に思うかもしれないけれど、実際にいるのだよ。言葉だけ聞くと、矛盾しているがね。ふだんは質素に暮らしている。世間的な観念から言うとケチな生活を送っているのだな。でも、ある日突然、物に憑《っ》かれたようにバッとお金を使ってしまうのだね。小金を持っている連中にこういうタイプがいるんだよ。家族や周りの者は、ふだんはケチなのに、訳がわからないものに急にお金を使うので、びっくりさせられる。ただ、そのうちに慣れてしまえば、『また始まったよ』とあきれるだけだがね」

4）貯金好き

「親に小さい頃から貯金しろと言われた人は、このタイプの人間になる。お金の教育を受けていなければね。彼らは質素な生活をして、コツコツ貯めることだけしか考えない。お金を運用して増やそうとか、自分の人生を大きく変えるために、ドーンと投資をしようとも考えないのだ」

5）心配性

「このタイプは、お金の心配ばかりをしている。お金がなくなる心配はもちろんのこと、相手が払ってくれないのではないか、投資はうまくいくか、などお金にまつわる心配をたくさんしている。これは、どれだけの資産を持っているかに関係ない。資産家になっても、心配性タイプの人は、普通の人以上に心配する。今のお金がなくなってしまう恐怖にとらわれたら、世界でいちばん金持ちでも関係なくなる」

6）無関心

「世の中には、お金に全く関心を持たずに生活している人たちがいるのだよ。彼らは、日常生活で全くお金に興味を持たない。大学の教授、学校の先生、公務員などの職業の人たちには、そういう人がいるね。自分の研究対象であるアメーバの成長のほうが、今財布にいくら入っているのかより、よっぽど気になるのだ。

彼らは、非常に幸せな人たちだと私は思う。現代の貨幣経済の嵐の中で、確固たる自分の世界をつくり、心の平安を保っているのだからね」

7）清貧

「彼らは、お金は汚いものだと信じている。修道院で生活したがっているような人たちがそうだよ。このタイプは、お金を持つことは精神性が低いと思っている。だから、お金を人生から遠ざけようとするのだ。お金がやってきたら、慌てて逃げるような人たちだ。

このタイプは、お金ばかりでなく、人生を楽しむとか好きなものを買う喜びを忌《い》み嫌う。それは物欲にまみれたと感じるからだ。だから、新しいもの、流行りのものは買わない」

8）稼ぎ中毒

「お金を稼ぐのが純粋に好きな連中だ。稼ぐ金額に関係なく、お金さえ稼げればいいという人たちだ。お金を獲得するのが大好きで、儲け話をしているだけで幸せになれる。稼いだからと言って、必ずしもお金を使うのに興味があるわけではないところが彼らのおもしろいところだ。お金さえ稼いでいればハッピーなのだ」

9）幸せな金持ち

「このタイプは、自分では使い切れないお金を持つと同時に、周りを豊かに、幸せにしている。結果として、彼らはもっと豊かに幸せに生きられるようになっている。ふだんは、好きなことをして暮らしていて、自分と周りにとって、幸せで楽しいお金の使い方をする。お金の不安から解放されていて、縁のあった人間もお金から解放してあげることができるのだ」

「すごく、おもしろいですね。それぞれの顔が浮かびました。何年も会っていない友人が、ずばりそのタイプに当てはまっていて、彼の行動を思い出して笑ってしまいました。でも、必ずしもどれかのタイプになるわけではないんですよね？」

「もちろんそうだよ。**いくつかのパーソナリティーが複合的に合わさって、その人のお金観ができている。年を取るにつれ、パターンも変わっていく。**たとえば私はケチタイプだった。それがケチな浪費家になり、稼ぎ中毒を経て、幸せな金持ちになったというわけだ」

レッスン5
お金と家族関係の関連を探る

「昨日、お金とのつきあい方に、いろんなパターンがあるというのは説明しただろう。それが、どこから来ると思う?」

「そんなことは、考えてもみませんでした。それって、性格と同じで、生まれつきなんじゃないですか?」

「それでは、人間の性格は、どうやってできるのだと思う?」

「そうですね。それは、やっぱり育ちも関係しているんじゃないでしょうか?」

「私もそう思う。今日は、家族関係とお金について話してあげよう。これがわかれば、君は、人生を自由に生きることができるからだ」

「それはどうしてなんですか？」

「**考えてごらん。ほとんどの人間は、自分の現在の経済状態や人間関係、仕事を含めた人生は、ある意味で運命だと思っている。**しかし、それが、家族関係を根元としてできただけだと知ったら、どうなると思う？　自分を解放することができるんだよ」

お金とのつきあいの原型を知る

「なぜ、お金のパターンができるんでしょうか？」

「子どもが七歳を過ぎ、物心がつくようになると、自分がいる世界について理解しはじめる。そして、この世が天国でないことを知るのだ。人によってはこのショックから一生立ち直れない人もいる」

「僕は、今そのショックから立ち直ろうとしているのかもしれません」

「子どもたちは、ある時、自分の父親、母親、兄や姉が幸せでないことを知る。そこで、その家族のバランスを取ろうとする。よく観察してみれば、家族全員がこのバランスゲームをやっていることがわかるだろう」

「さっぱりおっしゃっていることがわかりませんが……」

「最初は、カップルを例にとって説明してあげよう。稼ぎ中毒の夫は、どういうわけか買い物中毒タイプと結婚してしまう。ケチタイプの人も、対極の浪費家タイプとくっついてしまったりするのだよ」

「でも、どちらも稼ぎ中毒に見えるカップルが知り合いでいるんですけど」

「そうだね。でも、外から見ると、どちらも稼ぎ中毒だが、二人に聞いてみると、必ず一方が、浪費家タイプに見えてしまうのが不思議なんだよ。このバランスゲームは、家族が増えると、複雑になりながら進んでいく。たとえば、ケチタイプの夫婦に子どもが複数いれば、一人は同じようなケチタイプになり、もう一人は浪費家タイプになるものだ。一人は、親の価値観を体現することで、親を安心させようとする。もう一人は、親の抑圧した部分を体現するような人生を送る。いずれにしても、**両親や兄弟姉妹とのバランスで、その人のお金のパターンもおのずと決まったりするのだよ**」

「そんなことがあるんでしょうか??」

「なにも今すぐ信じる必要はない。私が与える課題をやってごらん。今言ったことが、本当かどうか、自分で検証してみることだよ」

「すごくおもしろそうですね。ぜひ、やってみたいです」

家族代々のパターンを見る

「ここに家系図がある。私の生徒にはみなこれを書いてもらうことになっている。自分の両親、祖父母など、できるだけ書き込んでもらいたい。彼らの性格、生い立ち、人生などを書き込むのだ」

「どうして、そんなことをするんですか？　僕が知りたいのは、将来どうやって金持ちになるのかなんです。スイスまで来て、うちのもう亡くなった祖父の話をしなきゃいけないんですか？」

「頭のいい連中は、必ずそう言うんだよ。何でも数字で解決すると思っている。でもね、歴史から、人間は学べることがあるんだよ」

「もう少し、具体的に説明してくれませんか？」

「**人は、自分の両親に小さい頃から多大な影響を受けている。**そして、知らないうちに、それを自分の性格の一部にしてしまっている。その中で、今の自分にふさわしいもの、そうでないものを見極めて整理しないと、知らないうちに親と同じようになるか、あるいは、全く正反対の人生を生きることになる。いずれにしても、親の影響を強く受けたままになるのだよ」

「なるほど、それはわかります。でも祖父母の世代にまでさかのぼるのは、なぜなんですか？」

「それはね、父親、母親が、君の祖父母のお金観に強く影響されているからだよ。君は、隔世《かくせい》遺伝というのを聞いたことがあるかね？」

「はい、そら豆の実験でしたっけ？」

「そう、実験によると、祖父母の代で起こったことが、孫の世代に起こることが明らかになっている。体の特徴でも、親に似ていないのに、祖父母の若い頃にそっくりだったりする例を君はいくつも知っているだろう」

僕は、すぐに従兄弟《いとこ》の顔を思い出した。親には似ていないのに、仏壇に飾ってある亡くなった祖父の顔とあまりにそっくりで、びっくりしたことがあった。

「お金の関係で言うと、どういう隔世遺伝が起こるんですか？」

「そんなに複雑なことじゃない。たとえば、こういうことだ。祖父の代で、ビジネス熱にうかされた人物がいたとしよう。彼は、それまでの先祖代々の資産を売り払い、投機的にビジネスを始めるのだ。そういう連中はたいてい、一度はうまくいくのだが、長続きしない。何かのきっかけで大失敗をして、転落の人生を送ることになる。それを小さい頃から見ていた父親は、

『人生では安定がいちばん大切だ』と考えるようになる。そういう価値基準から、公務員や大企業でやりがいは大してないけれど、安定している仕事を選ぶ。

おもしろいのは、次の世代に起こることだね。退屈でつまらない生き方をしている父親を見て、俺はエキサイティングな生き方をしたいと思うのだ。すると、父親は、自分の父親のギャンブラーとしての片鱗《へんりん》を子どもの中に見て、親父のようになったらどうしようと恐れるのだ。

そこで、小さい頃からできるだけ、子どもの自由な部分を抑え込もうとするのだよ。そこに父と息子の確執が生まれ、当然のように、息子は、父に反発し、ギャンブラーになるというわけだ。わかるかね？」

「まさしく、同じような人を知っていますよ。話を聞いていて、そのままなんですが、本当にあるんですね？」

「いや、普通なのだよ、それが。ストーリーに多少の違いはあるだろうがね。両親の影響を受けていない人を私は知らない。君にできることは、その影響を知り、もう一度選択することだけなのだよ。できれば、どうしてそのような親の子に生まれたのかという運命を受け入れ、それを最大限に生かすところまでできれば、理想だけれどね」

お金の履歴書を書く

「小さい頃、初めてお金とはこういうものだと両親から聞かされる。そこから君のお金とのつきあいは始まるわけだ。それから、自分なりにいろんな人生体験を経て、お金観というのができあがる」

「なるほど、そうなんでしょうね。でも、どんなことがあったかなんて、すっかり忘れてしまいました」

「そうだろう。だから、いろんなものを使って、過去を思い出すのだよ。これを見てごらん」

と言って手渡されたのは、「お金の履歴書」とタイトルが書かれた数ページにわたる質問票だった。

「これには、百数十の質問が書いてある。この問いに答えていくと、自動的にお金とのつきあいが、きれいに整理されるというわけだ」

そこには、たとえばこういう質問があった。

・あなたが生まれた時の両親の経済状態はどうでしたか？
・その時の祖父母の経済状態はどうでしたか？
・小学校の時の父親のお金に関する口癖は？
・子どもの頃に、思い出に残るお金のドラマは何でしたか？
・あなたのお金の人生に影響を与えた人は、誰ですか？

「この質問に答える前に、家系図も書いてもらおう。君の知っている限りのことをこれに書いてみなさい。今はすべてわからないかもしれないが、日本に帰ってから、今わからない部分を埋めていくといいだろう」

僕は、自分の乏《とぼ》しい知識の中で、家系図に名前を書き入れ、自分のお金の歴史に向き合った。家族代々に流れるパターンを読み解く作業にかかった。でも、始めてすぐに、よくわからない理由で混乱した。頭に霧がかかったようだった。何か、タブーに踏み込むような感じがした。亡くなった人のプライバシーを暴露するような、悪質ジャーナリストになったような気分と言っていいかもしれない。

ホフマンさんは、その様子を見て、助け船を出してくれた。

「君がやろうとしているのは、自分のルーツを確認する作業だ。なにも先祖代々の人の恥を暴き、軽蔑するためではないのだよ」

「そうは言っても、何か墓を暴くような感じがして、怖いです」

「たしかに自分や自分のルーツと向き合うのは恐ろしい。でも、それがまさしく君を縛っているということも知ってほしい。君のルーツを知らずして、自分を知ることはできないのだよ」

「そうなんでしょうね。でも、先祖に怒られるという感覚は日本人にはあるんです」

「なるほど、興味深いね。私は、そんなことはないと思うよ。君の先祖の人たちは、精一杯生きた素晴らしい人たちだ。彼らの人生の上に、君の人生が成り立っている。もちろん、彼らの人生のすべてがほめられたわけでもないだろうが、それは我々だって同じことだろう。でも、彼らがいたから、君も生まれている。どのような流れで君が生まれたのかを知ることは、とっても大切なんだよ」

僕は、できあがった家系図を見ながら、しばらく不思議な感覚を味わっていた。

家族との間に起きたお金のドラマを癒す

「君の家族がお金とどうつきあっていたかを教えてくれるかな？」

　ホフマンさんは、やさしく僕に聞いてくれた。

「僕の父は、税理士で、先ほどの話で言うと、稼ぎ中毒で倹約タイプでした。いつも僕には、『経済力のない男は、首がないのと同じだぞ』と言っていました。父は、何かにつけて僕に厳しくあたりました。友人もなく、家族にもそっぽを向かれ、お金だけが唯一の友達なんです。だから、僕は、父のように不幸な金持ちにはなりたくないんです」

　ホフマンさんに話しながら、過去の苦々しい思い出の数々がよみがえった。

「そうかね。それで、お父さんは、どうして稼ぎ中毒で倹約家になったのかね？」

「それは、小学校五年の頃に彼の父親が死に、貧しい暮らしを強《し》いられたからでしょう」

「君は、そのことでお父さんと話したことがあったかい？」

「ふだん父は、いっさい感情を外に出さない人でした。でも、酔っぱらうと、小さい時に苦労したことを思い出して、泣いていたのを覚えています」

「君のお父さんは、お金でずいぶん苦労したんだね？」

「はい。小さい頃は裕福だったようで、そのギャップに苦労したようです。お金さえあれば、こんなみじめな思いをしなくてすんだのにとずっと考えていたようです」

「君のお父さんは、父親が亡くなってから、大変だったんだね。まだ子どもなのに、一家の責任を背負って頑張ったのだね」

「そうだと思います。僕には想像を絶する苦労があったんだと思います」

「**お金のために人生の大切なものを失ってしまうほどに、そのプレッシャーは大変だったのだろう。**君は、小さい頃から、お父さんの中にあった心の空洞を感じていたんだね？」

「はい。何か、ハートにぽっかり穴があいているようでした」

「そのまま、今もその状態は変わらないだろう」

「はい、その通りです。彼は、たぶん何をしても変わらないでしょう」

僕は、クールに答えた。父のことを考えたり、話す時、僕は何も感じないように淡々と話すのが癖になっていた。話しながら、僕は父のことを思い出した。お互いに話が合わず、勘当《かんどう》同然になって、もう一年も口を聞いていない。アメリカから帰った直後、僕は神戸に帰り、父と感動的な和解をした。彼には、心から感謝ができ、生涯で初めて心が通いあったような感じがした。しかし、一週間もすると、お互いの頑固な性格が災いして、また以前のような険悪な状態に戻ってしまっていた。

そのまま膠着《こうちゃく》状態が、一年も続いていた。

「ところで、君のお父さんは、酔っぱらって泣いていた時、どんな話をしていたのかね？」

「そうですね、どんなことだったかな。あ、そうです。思い出しました。夜学の高校に通っていた頃、休憩時間にパンを買うお金がなくて、いつもお腹がすいて、ひもじい思いをしたと言っていました。その頃、僕はまだ小さかったので、自分の貯金箱を持ってきて、僕がお小遣いでお父さんにパンを買ってあげると言ったことを覚えています。すると、父は、今までに見たことがないくらい号泣して、苦しくなるぐらい僕を抱きしめたことがありました。僕は、あまり父が泣くので、狂ったのかとびっくりしたのを思い出しました」

当時のシーンが鮮明によみがえった。父さんが、夜間の高校に行っていた頃のことを苦々しく話す顔を思い出した。小さい頃、父さんは僕のヒーローだった。朝、運転手が迎えに来て、僕は、父さんの後ろ姿を誇らしく見送ったものだった。僕は、大好きだったのだ、父さんのことが。悔しいが、認めざるを得ないだろう。

そして、父さんが泣いて僕を抱きしめてくれた時の感触を思い出した。酒臭いのに閉口しつつも、僕はとってもうれしかった。今思えば、父さんに抱きしめられたのは、後にも先にもあの時だけだ。小さい僕から見て、父さんが大きく見えたことを思い出した。そして、今度は、高校生だった父さんのイメージが見えた。お金がなくてひもじい思いが、僕にも伝わってきた。絶望感、悲しみ、怒りが渦巻いている。「お金さえあれば、何とかなるのに！」とだけ考えて、頑張って、頑張って生きる少年がかわいそうで、いとおしくなった。

僕は、不覚にも泣いてしまった。小さい頃にはあった父さんとのつながり、若い父さんの絶望感、いろんな感情がいっぺんに押し寄せ、僕は涙を抑えられなくなった。

「君は、お父さんのことを愛しているんだろう？」

「はい」

僕は、もう感情を抑えきれなくなり、大声で泣いていた。

「お金で苦しんだお父さんを助けてあげたいと思ったのだろう。それが、君の生き方の原型だよ。君が、金持ちになりたいと思っているのは、その秘訣さえ知れば、父親を癒してあげられると信じているからだね。君のお父さんは、素晴らしい息子を持ったものだ」

僕は、やさしく語るホフマンさんの言葉に、ただ嗚咽《おえつ》するだけだった。

今までの自分の生き方と「お金」

しばらくすると、体中から、力が抜けていた。僕が、お金のことを知りたいと思ったのは、そういう理由があったのか。父を癒してあげるために、突き動かされるようにスイスまで来ていたとは。そんなことを考えてもみなかった僕は、今までの自分の生き方に思いをめぐらせていた。静かな平安が体全体に広がっていた。

僕が落ち着いたのを見て、ホフマンさんは僕に尋ねた。

「君のお母さんはどうだったのかな？」

「僕の母は、父がお金を使わないタイプだったので、できるだけお金を使わないようにしていました。僕たち子どもは、全員お金を使わない、いや、使えないような気がします。父も母も貯金通帳を見せると喜んでくれたので、僕は貯金が大好きでした」

「そういう育てられ方をした子どもは、どういうふうにお金とつきあうようになるのかな？」

「そうですね、お金を使うと罪悪感を感じます。楽しみに使ってはいけないと信じているからです」

「それは、お母さんから来たんだね？　お母さんも、さぞかし窮屈《きゅうくつ》な世界で息を潜《ひそ》めるようにして生きていたのだろう？」

言われて初めて、母の若い頃の人生を想像した。息を殺すようにして生きている母を感じた。母も、父と同じように苦しんでいたのかと思うと、何ともかわいそうになった。そういえば、高い洋服だって買えたはずなのに、母は、型の古くなった上着やくたびれたセーターのほころびをなおして大切に着ていた。子どもたちには、惜しみなく与えてくれたのに、自分には少しも与えていなかった。そんな母を思うと、不覚にもまた涙が出てしまうのだった。

「君のお母さんも、素晴らしい人だね。そんな素敵なお母さんを助けるためにも、君は、幸せで豊かに生きる秘訣を求めてきたんだね」

そうだ。母さんが少しでも幸せになれるのなら、僕は、世界中どこへでも飛んでいくだろう。

母さんへの愛が、僕の情熱の源だったのか……。泣きながら、僕は、母さんのことも、本当に大切だと思っていることに気がついた。

「これで少しはわかったかい？　両親とのドラマが君の人生に多大な影響を及ぼしているのが」

「はい、身をもって実感しました」

ホフマンさんのこのレッスンは、僕の人生を大きく変えることになった。

レッスン6
ミリオネアという生き方を見る

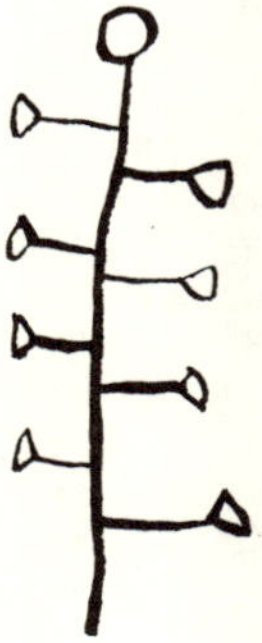

スイスにいる間、ホフマンさんは、いろんな金持ちとひきあわせてくれた。様々なタイプのミリオネアに会っていくうちに、僕は、金持ちの中にもいろんなレベルがあるのに気づいた。日本、アメリカ、アジア、ヨーロッパの金持ちは、大きく分けて五種類ぐらいの人がいると思う。日本語では、みんな一言で金持ちというけれど、レベルがある。普通の人から見たら、みんな金持ちに見えるけれど、生活をともにしていると、金持ち度とでもいうものが、僕には見えてきた。簡単に僕の観察を披露《ひろう》しよう。

金持ちの5つのレベル

1）お金に余裕のある人たち

日本の大企業のエリートたちや、自営業でもそこそこ稼いでいる人たちが、この種類の金持ちだ。彼らは、一戸建ての家に住み、外車を持つぐらいの経済的余裕はある。親の土地の上に建てた二世代住宅に住んだりして、月々に数十万円を自由に使える人たちだ。彼らは、日本の消費文化を支えてくれていて、百貨店でブランド物が飛ぶように売れたりするのは、この人たちがいるからだ。何万円もするコンサートの高額チケットも、彼らが買っている。アメリカやヨーロッパ、日本といった先進国で有名大学を出て、一流企業に勤めている人たちが、このランクに属する。

お金の余裕の割には、時間に恵まれていないのが、この人たちの特徴だ。彼らが取れる休暇も、せいぜい二週間が最長だろう。普通の人から見れば、この人たちは金回りがいい人たちだと言えるので、金持ちだと思うかもしれないが、ほかの金持ちから見ると、お金に困っていない普通の人にしかすぎない。それは、お手伝いさん、コック、運転手を雇う余裕がないことからもわかるだろう。

2）小金持ち

彼らは、小さなビジネスを所有していたり、弁護士、会計士、設計士、医師などの専門知識を駆使する仕事についている人が多い。

この人たちは、自由になるお金が月に一〇〇万円はある。そのお金で、贅沢《ぜいたく》品を買ったり、好きな場所に自由に旅行したりできる。海外旅行に出かける時も、エコノミーには乗らず、ビジネスクラスに乗る。ただ、この人たちも、さきほどの人たち同様、時間にはあまり恵まれていない。

つまり、お金を生み出してくれる仕事が、彼らを忙しくしているわけだ。高収入なのだけれど、仕事をやめれば、いきなり収入はゼロになってしまう。仕事の単価が高いか、効率よくこなしているおかげで、お金に恵まれているものの、実は、そんなに安定しているわけではないのだ。このクラスの金持ちになれば、もう勤め人はいない。みんな自分の選んだ専門的な分野で成功している人たちだ。

別荘は所有していても、せいぜい一つぐらい。それも、自分から積極的に探したのではなく、不動産会社にすすめられ、節税のためにローンで買っているのがその典型的な姿だ。

収入の割に、生活は比較的地味で、近所でも目立たないようにしている。金持ちに見られると損なことが多いと知って、このレベルの人たちは、自分の年収を控えめに言うようになる。金回りがいいからと言って、湯水のようにお金を使うわけではない。通いのお手伝いさんはいるだろうが、運転手をつけたりするレベルではない。

普通の人が目指すなら、何とか手に届くのがこのレベルだろう。

3）金持ち

彼らは、現金収入を生み出す不動産を所有しているか、ビジネス、株式を所有している。月々の収入が、普通の人の年収ぐらいあったりする人たちだ。代々地主のような人たちは、日常的な労働から解放され、あっても、お金の管理の仕事ぐらいだ。

中規模の企業を経営していたりする人は、相変わらず忙しい。上場基準を満たしているのに、あえて株式公開をせず、同族経営をやっていたりするのだ。地元では名士として通り、ロータリークラブなどの役員をやっていることが多い。所有する会社の株式や先祖から受け継いだ資産を売却すれば一生食べていけるが、そんなことは考えない。受け継いだ家業を一生懸命やることが大切だと思っている。

彼らは、複数の別荘を所有しているが、そこで何ヶ月もゆっくり過ごす時間には恵まれていなかったりする。地元の名門といわれる企業の創業一族の中には、こういう人たちが多く見受けられる。日本なら、東京、アメリカの大学で教育を受け、数年修業した後で、跡継ぎのために、地元に戻るパターンが多い。

不動産を受け継いで、ふだんの仕事をやる必要のない人は、趣味に没頭することになる。クラッシックカーを集めたり、ヘリコプター、セスナ機の操縦をやってみたり、世界中を旅行したりするのは、こういう人たちだ。一泊一〇万円以上する海外の一流リゾートホテルのプライベートビーチには、このレベルの金持ちがたくさんいる。

4）大金持ち

このレベルの金持ちになると、日常的に忙しくなる必要がない。上場企業の創業者一族だったり、大地主だったりする。長者番付に毎年のように載り、誰から見ても金持ちになる。資産規模も、数十億円から数百億円になり、社会的にも著名な人たちだ。移動は、お抱え運転手が車を運転してくれるか、ハイヤーを使う。

旅行するのは、どこに行くにもファーストクラスで行くが、日本ではまだ自家用ジェット機を持っている人は少ない。アメリカやヨーロッパで同じぐらい金持ちな人は、ジェット機を持っている人が結構いることを考えると、日本の金持ちは質素だ。

彼らの自宅は、その町でいちばん大きく、誰でも知っているぐらいの規模だ。普通の人から見たら大金持ちだが、次にあげる世界的な大富豪には、足下にも及ばない。日本では、一流大学を卒業後、とりあえず主要な銀行へ入行して、金融ビジネスを学び、その後、それぞれの持ち株会社の役員になるのがパターンだ。

代々金持ちの家に生まれた人は質素に育てられた人が多い。一代で富を築いた人はともかく、このレベルの金持ちは、文化的な素養を大事にするような印象を受けた。

アメリカなら、ハーバード大学、エール大学や東部の名門大学を卒業後、ヨーロッパなどに留学してから、父親の跡を継ぐケースが多い。子どもの中にはビジネス界ではなく、アーティストになったり、大学教授になる人も多い。

5）世界的大富豪

彼らは、世界的にビジネスを展開し、ビジネス帝国を所有している。世界中に邸宅を所有している。普通の人が考える「自宅」という概念《がいねん》が彼らにはない。季節に応じて、好きな邸宅のある場所へ、自家用ジェット機で使用人とともに移動するライフスタイルだ。ニューヨーク、モナコ、ジュネーブ、パリ、南フランスなどにシャトーがあり、同じようなレベルの大富豪と、世界各地でパーティーをやっている。それぞれのシャトーには、お抱えの運転手、コックなどの使用人が大勢待機している。

資産規模は、すごい金持ちになると、小さい国ぐらいになっている。会計士のチームが、数ヶ月計算しなければ、資産の実態はつかめない。ヨーロッパ、アラブの貴族、王族がこのレベルだ。この人たちと、普通の人が出会うことはない。空港の待合室で会うこともないし、電車で隣り同士に座ることもないからだ。

僕も、彼らとは直接面識があるわけではない。だが、彼らがどのようなライフスタイルで人生を生きているかは、周りの人から聞いてうかがい知ってはいる。

この分析をホフマンさんにぶつけてみた。すると彼は、ニコニコして、こう言ってくれた。

「世の中の状態を偏見なしに見ることはとても大事なんだよ。君なりの分析をどんどんするといい。最初は、全く間違った分析をするかもしれない。しかし、それをやっていくうちに、鋭く本質を見極めるようになれるからね」

クルーザーでのレッスン――お金の流れを読む

ある朝、クルーザーに乗って釣りに行こうと、ホフマンさんから誘われた。クルーザーと聞いてイヤな予感がした僕は、煮え切らない返事をした。

しかし、相手は人を動かす達人だ。

「残念だな。フローラも一緒に来るんだけど」

たった一言の必殺技《ひっさつわざ》で、ホフマンさんは僕をその気にさせるのに成功した。

波止場《はとば》に着いてみると、黄色のヨットパーカーを着て、黒のサングラスをかけたフローラが手を振っていた。本当は最高の気分のはずが、出航しても何か落ち着かない。行く先はどこなのか、そこで何をするのかが気になった。かといって、いろいろ詮索《せんさく》するのも気が引ける。僕はぎこちないまま、フローラとの会話を楽しもうと努力した。しばらくすると、湖の小さな島に着いた。僕は、できるだけホフマンさんについていき、そばを離れないようにした。

僕の落ち着きがない様子に気づいたホフマンさんが、僕を問いただしたので、アメリカでの一件を話した。無人島に置き去りにされ、一晩夜を明かしたこと、そのとき感じたことを大げさに話して聞かせると、ホフマンさんも、フローラも大受けしていた。

結局、みんなでバーベキューを楽しみ、劇的なドラマもなく、静かにその島を離れた。

沖に出ると、釣り竿をセットして、それをデッキに固定すると、ホフマンさんは話し出した。

暖かいコーヒーの湯気が、何とも気持ちいい。

「釣りはね、お金のことを学ぶのにとってもいいんだよ。

まず、魚を釣るという目的のために、いろんな段取りがいるだろう？　船を準備しなければならないし、装備を整え、釣りをする場所を選ぶ。それが全部できても、魚を釣る技術がなければ、最終的に魚を釣ることはできないのだよ」

「なるほど。ほとんどの人が準備を完全にできずに、どこか抜けているわけですね？」

「その通り。釣り竿は持ったけれど、糸がない。あるいは、船を用意したけれど、釣り竿を持っていない。また、すべてを持っていたとしても、潮の流れを見る力がなければ魚は釣れない」

「それは、よくわかります。ほかに必要なものは何でしょう？」

「魚の群れがどこにいるのかにたえず意識を向けておくのも大切だね。**お金の流れがないところでは、どんな商売をやっても成功することはできないものだよ。**しかし、ほとんどの人は、頑固なまでの信念を持って、魚のいないところで無駄な努力をする。必ず道はひらけると信じてね。こういうのを誤った成功の法則というのだよ。過去にうまくいったからといって、同じようなことで成功できるほど、今の社会は甘くない。たえずいろんな状況が変わっているのだからね」

そう話しているうちに、釣り竿の一つがぴ〜んと反応した。

「ほ〜ら来たよ。最後に大切なのはシステムだ。システムさえつくってしまえば、あとは向こうからやってくるのを待つだけでいい。そうすれば、君は世界中どこに行ってもよくなるのだよ」

お金の器を大きくするには

「君も気づいたかもしれないが、この船で、大西洋を渡ることはできない。それは、大きな海に出ていくには、この船は小さすぎるからだ。多くの人は、人生で、自分の器をわきまえずに、過大なリスクを冒し、危険きわまりない航海に出る。あるいは、難破を恐れて、港を一生出ないようにする。

現在の自分の大きさを正確に知るのはとても大切だ。人には、それぞれにお金の器というものがある。自分の器の大きさに気づくというのが、いちばん難しいことだ。

石油王のゲッティーは、二〇代ですでに億万長者になっていた。ほかの連中でも、二〇代で大金持ちになった人間はたくさんいる。最近では、アップルコンピューターを創業した若者は、みな二〇代で億万長者だ。これからは、コンピューター関連で、成功する若者が増えてくるだろう。

私はなにも、金持ちにならなければいけないと言っているわけではない。ただ、自分の運命を知って自分の器を受け入れることは、幸せになるのに大切なことなのだよ。自分の器以下の生活をしようとすると、毎日がとても窮屈なものになるだろうし、器以上の生活をすると、人生のバランスを崩してしまう。どちらも、その人の人生の最善にはなっていない。そういう意味では、己を知ることがいちばん重要なのだ。そこから、徐々に器を大きくしていけばいい」

「なるほど。では、どうやったらお金の器を大きくできるのでしょうか？」

富を引き寄せる人間になるための４原則

「君は、私が喜びそうなことばかり、うまく聞いてくるね。私が若い頃、金持ちになるには、どうすればいいですか？　とメンターに聞いたことがある。すると、彼はこう言った。**お金が寄ってくる人になりなさい。お金を引きつけるような魅力的な人間にさえなれば、お金は向こうからやってくるのだ。**

最初に聞いた時は、そんな手品のようなことができるはずがないと感じたものだ。お金は、一生懸命頑張って獲得するものだと信じていたからね。でも、よく金持ちを観察していると、たしかに彼らは、金を引きつけているのだよ。というのも、全く何もないところから、お金が入ってくる仕組みをつくり上げているからだ。

富を引き寄せるためには、いくつかの法則がある。それを君に教えてあげよう。

ミリオネアの連中は、この法則をマスターしているので、世界中どこに行っても、財産をゼロからつくり出すことができるのだよ」

1）毎日を充実させて生きる

「富を引き寄せるためには、気を充実させておかなければならない。エネルギッシュな人間でないと、富はやってこないのだよ。そのためには、自分の得意なこと、好きなことをやって、自分のエネルギーレベルを高めておくことだ。これは、お金のためだけでなく、幸せに生きるためにも、大切なコツだと言えよう」

2）富を蓄積させる

「富を蓄積させることも大切だ。いったんある程度の固まりになったお金は、さらなるお金を引き寄せる磁石になるのだよ。だから、その種となるようなものをつくらなければならない。普通の人でも、収入の二〇％ずつを一生涯貯金して、投資にまわせば、六〇歳になった頃には、裕福になっているはずだ。多くの人間は、自分の老後の分まで消費にまわしているだけだ」

3）お金の流れを生む

「億万長者になるための才能の一つは、お金の流れを自分発で生み出すことだ。お金の流れとは、自分を経由して多くの人間がお金を受け取るということだよ。この豊かさの流れをつくることができれば、君は豊かになることができる。豊かな人とは、資産を持っている人ではなく、お金の流れを自分発でスタートできる人だよ。彼らは、周りを豊かにしながら、豊かになっていくのだ」

4）つきあう人をすべて味方にする

「金持ちになるためには、たくさんの人といい関係を保たなければならない。そのためには、あらゆる機会をとらえて、人を喜ばせることだ。人間は、接する機会が多ければ多いほど、その人に好意を持つ。それは、コマーシャルで明らかだろう。

君に接する機会が多ければ多いほど、仲良くなって、親近感をもらえるのだよ。

今までつきあっていた人が、すべて君の味方なら、どれだけすごい応援団を持つことになると思う？」

《ハッピーなミリオネアに必要な5つのクオリティー》

「ハッピーなミリオネアになるためには、五つの人間的な資質がある。この五つは、心の健康を測るバロメーターでもある。人生を幸せに生きるために必要な要素だと言えよう。世界中の親たちが、こういうクオリティーを育む教育をすると、世界は変わるだろうね」

1）好奇心

「好奇心は、人生を楽しいものにしてくれる要素だ。子どものように、新しいことに興味を持ち続けられる限り、毎日を楽しむことができる。

この好奇心があってこそ、未知なるものにワクワクし、探検できるのだ。小さい頃は誰でも好奇心の固まりなのだ。しかし、年を取っていくごとに、何にでも興味を持つ心を失ってしまうのだね。それは、魂の輝きを失うような寂しいことだね」

2）情熱

「情熱は、人生を生きる上で、ガソリンのようなものだ。情熱なしに、どんなことも成し遂げられることはないだろう。内なる情熱を燃やすことができれば、何をやっても成功できるのだよ。というのも、情熱というのは伝染しやすいものだからだ。自分で燃えられるものがあれば、それは周りにも燃え移るだろう。そうやって広がっていく炎が、多くの人を巻き込んでいくのだよ」

3）愛情

「幸せに成功できる人は、何よりも愛の大きい人だ。ビッグ・ハートな連中は、たくさんのものを受け取れることができる。接する人の誰をも愛し、自分の仕事を愛する人間は、何をやっても成功してしまうものだ。

自分を愛し、人を愛せる人は、多くの人から愛される。それが、幸せにつながるのだよ。そうやって、彼らは、誰からも祝福されながら成功していく」

4）友情

「友情は、人生で最も大切なものの一つだよ。何を捨ててでも、友情を大切にしたいと考える者は、祝福された人生を送っていると言えるだろう。

君には、全財産を差し出してもかまわないほど、大切な友人がいるかね？

それぐらい君が大切に思っているとすれば、相手も同じように考えてくれているはずだ。深い友情に支えられた人生は、多くの人を幸せにする。当事者だけでなく、それほど深い友情を見たり、触れたりした人を感動させるのだ」

5）信じる心

「信じる心は、幸せな人生の基礎をつくる。信じるというのは、人を信じること、自分を信じること、パートナーや友人を信じること、未来を信じること、すべてを言うのだ。

現在、幸せに億万長者になっている連中も、今までには、何度も試練や挫折を体験している。小さな挫折なんて、しょっちゅうだよ。それを乗り越えて、たえず素晴らしいものを信頼する力は、大切だね。

この信じるというのは、『人生を信頼する』とも言い換えられる。人は、自分で選ぶ最大限の幸せな人生を生きることができるということへの信頼でもある」

お金と健康的な関係を持つ

「お金との関係に関して、君はどう考えているのかね？」

「僕がゲラーさんから教わったのは、お金との関係は二通りしかないということです。お金の奴隷になるのか、お金の主人になるのかを決めなければいけないと習いました」

「ハハッ、なるほど、あいつらしい表現だ。いかにも、パワーゲームが好きなアメリカ的発想だね。たしかにその考え方は間違ってはいない。でも私は、三番めの関係もあると考えているのだよ」

「それは、何ですか？」

「お金とパートナーになるというあり方だ。お金の奴隷になることも、主人になることも、いずれの関係も、お金にとらわれているとは思わないかね？　お金と友人になることで、人生を幸せに生きるということもできるのだよ」

「なるほど。パートナーですか。考えてもみなかったな。それは、対等という意味ですか？」

「そうだよ。お金は、君の人生を幸せにしてくれる大切な友人と考えてみてごらん。目をつぶって、自分の目の前にお金が人間になって立っていると想像してごらん。そして、そのにこやかな友人と握手をしてみなさい」

僕は、ホフマンさんの言う通りに、お金が人間になったところを想像してみた。すると、見るからに、ふくよかな福の神が出てきて、僕の手をしっかり握ってくれた。暖かい大きな手だった。体に、やさしいけれど、力強い感じが伝わってきて、いい気分だった。

「**どうかね？　いい感じだろう？　それが幸せな金持ちが味わっている感覚なのだよ**」

と、目を開けて、少しぼ〜っとしている僕に、彼が語りかけた。

ミリオネアの美学――美しく生きること

「君には、どうしても伝えたいことがある。それはミリオネアの美学なのだ。ハーマンが君のことを評価していたのも、美学を理解しているからだ。

君の国では武士道というのがあるのだろう。私は、ヨーロッパの騎士道を身につけようと実践してきた。ハーマンは、私と君の共通点は、そこだと言っていた。アメリカ人には理解しにくいところだと思うがね」

と言って、いたずらっぽく僕にウィンクした。

「私がハーマンと一緒に学んだメンターは、何よりも美しさということにこだわる人だった。事あるごとに、美しく生きることが大切だと繰り返し語っていた。お金にしても、いかにたくさん儲けるかではなく、いかにきれいに儲けるかを考えなさいと言っていた。五〇年、お金やビジネスの世界に身をおいて、私はそれは本当に正しいと思う」

「美しく儲けるってどんな感じなんですか？」

「**美しく儲けるというのは、多くの人を幸せに豊かにするということだよ。**

誰がどう見ても、君にはそのお金を受け取る権利がある、というお金なのだ。ぜひお金を受け取ってくださいと、人に懇願《こんがん》されるような人生を生きることだ。

そういう生き方をしていると、君は、多額の報酬を得るばかりでなく、多くの人から尊敬され、感謝されるようになるだろう」

愛と奉仕に生きる

「ノブレス　オブリージ――これは、フランス語でね、富める者の義務という意味だよ。

富める者は、社会からある種の責任も与えられているという騎士道の考え方から来たものなのだ。

富の社会的責任とでもいえば、いちばんわかりやすいかもしれない。具体的に言うと、豊かになった者の責任として、自分に続く人たちを応援してあげるのだ。自分たちもそうやって若い頃に助けられた結果、今がある。

豊かな人間の責任を果たして、ようやく尊敬を得るのだよ」

ホフマンさんは続けた。

「ある一定の金額を稼いだ連中は、悟りにも似た境地に達する。もう、自分のためとしては十分な収入がある。これ以上稼ぐことが、果たして自分のためだろうか？

たとえば、アンドリュー・カーネギーは、自分の年収が、三三歳で年収が当時五万ドルを越えた時、これからは、剰余金は、自分のためではなく、社会のために使おうと決めたそうだ。

愛と奉仕に生きる人間は、魅力が何十倍にもなるのだよ。彼らの周りには、人が集まり、チャンス、あらゆるいいものが引き寄せられるようになるのだ。イエス・キリストや仏陀が行くところには、動物や鳥、蝶がついていったというが、本当にあったかもしれないと私は思っているぐらいだよ」

三三歳——あと一〇年ちょっとしかないと僕は慌てた。それまでの間に、そんな境地でお金とつきあえる自分になれるだろうか？　このままのペースでいくと、うだつのあがらない会社員になっているに違いない。今、人生を変えなければ！　僕は、決意を新たにした。

「愛と奉仕に生きるって言っても、そんなに簡単にできるのでしょうか？」

「もちろん、いきなりそんなところに行けるわけがない。自分が誰かを知り、持って生まれた才能を磨き上げて、経済的に豊かになって、初めて行ける境地があるのだよ」

レッスン7

お金の知性と感性を高める

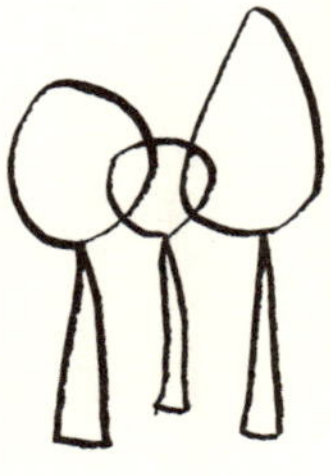

しばらく雨の日が続いた後、久しぶりにさわやかな太陽が顔を出した。僕たちは、何日ぶりかで、森のランチを楽しんだ。食後のコーヒーを飲みながら、ホフマンさんのレッスンが始まった。

「稼ぐ力」と「満足する心」

「お金から自由になるためには、知性と感性が必要だ。二つとも、動物にはなくて、人間にしかないものだよ。それを上手に使えば、お金から自由になれるだけでなく、幸せに生きることができる。知性と感性の両方を使わなければ、動物のように自然環境に翻弄されて生きざるを得ない。きわめて当たり前ではないかね？」

「う〜ん、手厳しいですね。でも、知性と感性を使うってどういうことなんでしょうか？」

「それはね、単純なことなのだ。たとえば、お金に縁のない家に生まれ、普通の教育を受け、たいした努力もしていなければ、急に金持ちになれるわけはないだろう。

それでも、金持ちになれると考えるのは錯覚《さっかく》というもので、知性を使っていないのだよ。普通の人が金持ちになりたければ、金持ちを研究し、自分の生活習慣や考え方の違いを見つけ、自分の生活を変えていくしかないのだよ。そういうことを考えるのが、知性を使うということだ」

「なるほど。感性はどうなんでしょう？」

「**普通の人は、お金の知性もないが、感性もない。たとえば、金持ちの連中がお金を出すような時に出し渋り、絶対に払わない時に気前よく、財布のヒモをゆるめるのだよ。**金持ちの感性を磨けば、君も金持ちの仲間入りを果たすことができる」

僕は、もう好奇心を抑えられなくなった。お金の知性、お金の感性……おもしろいな〜。これを聞かずして、僕は、スイスから帰れない！

「ぜひ、そのお金の知性と感性を教えてください。お願いします。それを聞かずに僕は、スイスから帰れません」

「おいおい、すごい勢いだね。その調子では教えないと言っても、許してもらえそうにないね」

「もちろん!! よろしくお願いします」

「お金の知性と感性というと、少しわかりにくいかもしれないので、別の言葉で置き換えてみよう。それは、稼ぐ力と満足する心と言ってもいいかもしれない。この両方のバランスをとることで、幸せと心の平安があるのだよ」

「簡単な言葉ですが、奥が深そうですね。その稼ぐ力と満足する心は、どうやったら手に入れられるんですか?」

「君の好奇心というか、学ぶ意欲には本当に敬意を表するよ。この二つがそんなに簡単に身につけば、誰も苦労はしない。やはり時間がかかるのだよ」

稼ぐ力を高める――お金の知性

「お金の知性には、大きく分けて八つある。それは、お金の特性を知ること、お金の得方を知る、収入のチャネルを増やす、収入を増やす、システムをつくる、人を豊かにする、時代の流れを読む、税務、法律に詳しくなる、の八つだ」

1）お金の特性を知る

「お金がどういうシステムで動いているかを知ることだね。お金がどういうふうに流れるのか、その仕組みをマスターすること。

その時代によって、お金が流れる国、場所、会社があるものだよ。

たとえば、お金の流れは、お金が儲かりそうなところにいく。また、お金のＩＱの低い人から、高い人に流れるようになっているのだ。たとえば、お金のＩＱの高い不動産のオーナーには、お金のＩＱの低い人から、給料の一部が家賃として流れていく。こうして、金持ちはますます金持ちになり、普通の人は、いつまでたっても、金持ちに貢《みつ》いでいるだけになる」

2）お金の得方を知る

「お金を得るには、犯罪行為以外では、現代の世の中で、たった五種類しかないのだよ。それは、

①　相続するか、もらう

②　仕事を得る

③　ビジネスをする

④　不動産収入を得る

⑤　投資の収入を得る

——の五種類だ。これのそれぞれの特性を知り、自分にいちばん合った収入の得方を身につけることが肝心だ」

3）収入のチャンネルを増やす

「現代の先進国で生活しているほとんどの人が、単収入しかない。それは、仕事を得て、その会社や組織からお金を得ているというやり方だ。会社勤めは、自営業より安心で安定していると、どこの文化でも一般的には考えられているが、果たしてそうだろうか？」

4）収入を増やす

「収入のチャンネルを増やすとともに、収入を増やすことも大切だと言えるだろう。

それにはまず、その人の状況によって収入の増やし方が違うのを知らなければならない。勤めている人が収入を増やす場合と、自営業の人では、やり方が違うだろう。同じビジネスでもオーナーでも、商売の種類によって、違う稼ぎ方をしなければならない」

5）システムをつくる

「いくら稼ぐのがうまくても、それがシステムになっていなければ、富を築くのは不可能だ。すべての富は、システムによってできるとも言える。カーネギーは、世界でいちばん効率のいい鉄鋼業をつくることで、富を得た。ヘンリー・フォードもそうだ。

君の国では、ホンダやソニーが同じことをやっただろう。

富を築くのに、なにも大企業をつくらなくてもいい。小さなクリーニングチェーンをつくっても、一〇億ぐらいのお金をつくることはできるのだよ」

6）人を豊かにすること

「お金を増やすことや稼ぐことばかり言ってきたが、そればかりでは金持ちになれない。人を豊かにしながら、金持ちになっていかなければ、長期的な成功はあり得ないと考えたほうがいいだろう。

お金を稼ぐ時と同じように、細心の注意を払って、使うお金が人を豊かにするように見届けなさい」

7）時代の流れを読むこと

「収入を増やすのと同じぐらい大切な能力がある。それは時代の流れを読むことだ。投資で成功するにも、ビジネスで成功するにも、この能力がなければ、長期的な成功は難しいだろう」

8）法律、税務に詳しくなること

「現代の経済社会は、より複雑になっている。法律に長《た》けていないと、どれだけ素晴らしい仕事をしても、成功することは難しくなってきた。優秀な専門家とつきあって、彼らの専門知識をフルに使いこなすことだ。そのためには、君が専門家になる必要はないが、彼らに何を聞けばいいのかは、知っている必要があるだろう」

満足する力を高める――お金の感性

「お金の感性にも、同じく八つがある。それは、受け取ること、楽しむこと、感謝すること、喜ばせること、流れに身を任せること、信頼すること、分かち合うこと、癒すことの八つだ。この八つをマスターすることで、お金の呪縛《じゅばく》から真に自分を解放することができるだろう。そして、お金と健康的につきあうことが初めて可能になる」

1）受け取ること

「ほとんどの人は、受け取り下手だ。いかに受け取らないかというゲームをやっているかのようだ。お金を受け取ることができる人は、豊かな人なんだよ」

2）楽しむこと

「お金とは、本来とっても楽しいものだよ。なにしろ、君の望むものやサービスを何でも持ってきてくれるのだからね。しかし、お金を心から楽しんでいる人は、実に少ないのが現状なのだよ。お金を楽しまなければ、無意識のうちに、お金は、つまらないものだという観念を持ってしまう。苦しんでお金を稼いだりするのは、最低だね。お金を心から楽しめるようになると、よりお金を引きつける力を持つようになる」

3）感謝すること

「普通の人が、お金だけでなく、人生に感謝していないのは、実に残念なことだと思っているのだ。

私は、毎日、お金がもたらす奇跡に感謝している。お金を払う時、自分に余裕があることにたいして感謝する。また、相手に、ものやサービスをもたらしてくれることに、感謝する。

お金を受け取る時も、感謝できることがいっぱいある。たくさんの選択肢の中から、君を選んでお金を持ってきてくれたのだよ」

4）喜ばせること

「お金を使って、人を喜ばせることは、人生でも最も楽しいことの一つだよ。しかし、多くの人は、『お金は使ってはいけないものだ』とのマインドコントロールを小さい頃から受けているので、使わないことを一番にしている。自分や家族、友人を喜ばせるために、お金を使えるとは考えないのだ」

5）流れに身を任せること

「お金が流れていくように、人生も大きな流れがあるのだよ。身を任せると、いろんなチャンスにめぐりあう。大きな流れに身を任せると、今とは、全く違うところに行くことができるんだよ」

6）信頼すること

「自分の豊かさ、周りの豊かさを信頼することはとっても大事なことだよ。

私は、幸せになれる人と、そうでない人、豊かになれる人と、なれない人の差はたった一つだけだと思っている。それは、この信頼だ。自分と周りへの深い信頼がある人だけが、幸せで豊かな人生を実現することができる」

7）分かち合うこと

「お金を分かち合えると、豊かになる。それはね、この宇宙の真理でもあるのだよ。自分の持つ豊かさをできるだけ分かち合いなさい。その効果に君も驚くだろう」

8）癒すこと

「君が使うお金で、人をイライラさせることもできるし、感動させたり、癒したりすることもできる。相手に癒しや深い感動が起きるようなかたちで、お金を使いなさい」

「僕にはよくわからなくなりました。お金の知性では、金は稼げ、賢く使え、守れ、増やせというわけですよね。でもお金の感性では、お金を受け取れ、味わって、信頼して、分かち合えといいます。これって、矛盾していませんか？」

「いいところに気づいたね。さすが、私の東洋のプリンスだ。たしかに、両方を同時におこなうことは矛盾している、しかし、それが人生なのだよ。体のことを考えればいい。バランスといってもいいだろう。**たくさん食べて、太ればいいというものではない。自分の体にとって、適量というものがあるんだよ。それを越えると良くないわけだ**」

「なるほど、非常にわかりやすい説明ですね」

レッスン8
プライベートバンカーの仕事を知る

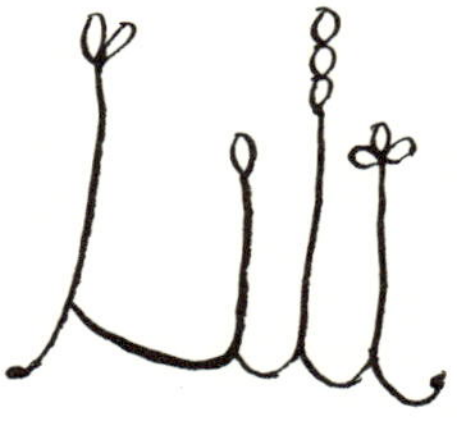

その日は、ホフマンさんが所有する銀行に連れて行ってもらえることになった。ホフマンさんの銀行ってどういうところだろう？

僕は、いろんな想像をしながら、ロールスロイスから、町の景色を眺めた。最初はドキドキした車も、慣れてくると何ともなくなってくるから不思議だ。車内があまりにも静かなので、小さな部屋が動いているようだった。

ホフマンさんの銀行に着くと、僕はあまりにも想像したのと違うので、びっくりした。それは、豪華だが、煉瓦《れんが》でできたビルのフロアーの四階にあり、普通の会社のオフィスのようだった。といっても、すべて個室になっていて、途中で誰かとすれ違うことはない。あとで聞いた話では、顧客同士が顔を合わさないように受付で手配しているということだった。

なかに入ると、家具は、日本で想像するようなスチール製のものは一つもなく、木製のしゃれたデザインのものが並んでいた。銀行というと、たくさんの人が出入りして、窓口があって、というものをイメージするが、それとは全く違っていた。

応接室は、趣味のいいアンティークの家具がおいてあり、くつろげるリビングのようだった。どこにも、日本の銀行を想像させるようなものは何もなかった。

プライベートバンク訪問

上品なカップに入ったコーヒーを飲んでいると、しばらくしてホフマンさんが出てきた。

「どうだい？　たぶん、君の想像していた銀行と違うだろう？」

「いや、本当に違いますね。あまりの違いに、びっくりしました。たくさんの人が働いているのかと思ったら、そうでもないんですね。それに、窓口があったり、お客さんが列をつくったりしていないので、不思議に思いました」

「それはそうだろう。ほとんどのクライアントは、ここには滅多《めった》に来ない。私たちの顧客の多くは、外国に住んでいるからね」

ますます僕は混乱した。いったいどうなっているんだろう？？？　お客が来ないのに、どうやって経営が成り立つのだろうか？

「君が混乱するのも、無理はない。スイスの銀行、特にプライベートバンクには、普通の人が知らないことがいっぱいあるからね。プライベートバンクの説明をしてあげよう。**プライベートバンクは、世界中の金持ちを対象に財産保全、または、それを中心とした顧客の人生をサポートするためのいろんなサービスを提供しているところなのだよ。**

その起源は、一七世紀にさかのぼる。神聖ローマ帝国（当時のドイツ国家の呼称）の時代に各地で戦争が勃発し、金持ちたちは、動揺した。その最中に、大金持ちの資産を保全するサービスを始めたのが、現在のプライベートバンクの原型というわけだ。イタリアのバチカンを知っているだろう？　あそこを警備しているのはスイスの衛兵なのだよ。そして、そのお金を保全しているのも、スイスの銀行だ。スイスはもともと、安全を売る伝統があるのだね」

「なるほど、それで、どのようなことをスイスの銀行はしているのですか？」

「プライベートバンクの業務を簡単に説明してあげよう」

プライベートバンクの5つの業務

1）顧客の資産を保全すること

「スイスはその歴史を見るとわかるのだが、一九世紀以降、どんな時にも中立を保ってきている。そこで、ヨーロッパでは最も安全なところだとされてきたのだ。アメリカ系の銀行はオプション等を駆使した『運用』を最大の売り物にしているが、スイス系は『資産保全』を最優先している。特にプライベートバンクでは、顧客の財産をいろんな勢力から安全に守るのをそのいちばん大切な業務にしている。

この資産保全業務は、スイスの銀行の特徴で、守秘義務は厳しく、顧客の秘密をもらすと、投獄されるほどなのだ。だから、たとえ同じ部署の行員であっても顧客情報は見られないようになっているし、顧客との面談中にメモをとるような場合でも、そうしていいかの確認をとるというのが常識なのだよ」

2）顧客の資産を運用すること

「預かったお金をそのままにしておくのが、その業務ではない。その資産を運用するのが、プライベートバンクの機能でもある。ただ、ハイリスク・ハイリターンの運用はあまりせずに、あくまでも保守的に運用するところが多い。顧客にしても、がむしゃらに運用を望んでいるわけではなく、インフレに負けない程度で十分だと考える人が多い」

3）顧客の金銭管理のアドバイスをすること

「顧客の資産を安全に守り、運用するだけが、プライベートバンクの仕事ではない。資産家といっても、いろんな資産家がいる。一代でたたき上げて資産をつくった人もいれば、遺産相続をした人もいる。彼らに資産運用や保全に関して適切なアドバイスをすることは、顧客の資産管理にとって大切な業務なのだ」

4）顧客のプライベートな人生をサポートすること

「プライベートバンクのおもしろいところは、単なるお金だけのつきあいではないということだ。もちろん、基本は資産運用に関する業務なのだが、資産運用は個々人の現在、及び将来の人生に密接に関わっているので、プライベートな面でもサポートしていく。資産家の子どもの学校を探したり、観光の手配や、時には結婚相手を探したりもするが、プライベートバンクの最大の目的は、顧客及びそのファミリーの人生そのものをサポートすることだから、その意味では最も大切な業務だといえる」

5）次世代への資産承継を確実にすること

「プライベートバンクのつきあいは、数年で終わるようなものではない。世代をわたるつきあいを前提としているのが、プライベートバンクなのだ。だから、次の世代の資産家予備軍にお金の知恵をつけたり、家庭教師やコーチのような役割も果たす。それが、普通の銀行との大きな違いだね」

プライベートバンクの顧客はどんな人？

「なるほど、おもしろいですね。でも、普通の銀行のように、貸し出しはしないのですか？」

「それは銀行によって違うだろうが、普通はやらない。預けられた資産額の範囲内なら、一時的な貸し付けを例外的にやるよ。貸し付けといっても、銀行保証のような形を取るんだけどね。だが、お金を借りなければいけない連中は、プライベートバンクの客にはなれないのだよ」

「そうですね。ハハハ。金持ちは、お金があるから、金持ちなんですよね。うっかりしていました。プライベートバンクの顧客って、どんな人なんですか？」

「**資産が数億円以上あって、社会的に信頼できる人だね。**以前は、金さえあればお客だと言って受け入れていた歴史もあったのだが、最近ではアメリカをはじめとする諸外国が預金の素《す》性《じょう》にうるさくなったので、変わりつつある。

もちろん、プライベートバンクでも、顧客を厳しく選別するところもあるよ。私の友人の銀行は、口座開設の希望者が一〇人いても、せいぜい一人か二人しか受け付けないところもある。それぞれの国で社会的に信用があり、尊敬されている人でないとつきあわないというわけだ。ギャンブルやちょっとした不動産取引で金を儲けた成金からの金は受けないという指針を明確に出しているところもある。顧客の質と、どうやって築いた資産なのかという経緯を最も重視しているのだよ。

アメリカ系の銀行は商品販売を目的としているので、顧客数をどんどん増やそうとしているようだが、スイスの銀行とは、ビジネスに関する理念が違うのだ」

ナンバー・アカウント

「プライベートバンクには、番号口座というシステムがあってね。名義人が、会社とか個人ではなく、単なる番号だという銀行口座があるのだよ。プライバシー保護がその目的なのだがね。その口座を管理する者のみが、送金金額、方法を指定できる。

その分、秘匿《ひとく》性が強く、マネーロンダリングなどの犯罪組織に利用されていることがあり、世界的に批判を浴び出しているがね。アメリカなどはその急先鋒《きゅうせんぽう》で、そのうち、こういう口座も維持するのは難しくなるかもしれない」

リレーションシップ・マネージャー

「プライベートバンクの顧客には、専門の担当者がつくことになっている。彼らは、リレーションシップ・マネージャーと呼ばれ、顧客の信頼を勝ち得るために、長期的な関係を保とうとする。また、顧客からの要請がなければ、担当者を交代させることはない。以前は親子二代の担当者が親子二代の顧客を担当するということも珍しいことではなかったらしい。一流ホテルのコンシェルジュやバトラーにも似た仕事をするのだ。彼らは、家族の性格や夫婦関係までも知り尽くし、具体的なアドバイスをできるように心がけている。

親身なサービスを提供する関係で、一人のマネージャーが担当できる顧客の人数も、限られる。普通で、三〇人にも満たない顧客の面倒を見ている。それ以上になると、なかなかきめ細やかな対応ができないからね」

送金方法

「送金は、リレーションシップ・マネージャーが顧客の指示により、できるようになっている。形式上の書類もあるが、マネージャーの裁量でいろんなことができるように、口座開設時に契約を交わしていることが多い。だから電話で、名義人、金額、送金方法などを指示するだけで、送金ができるのだ。本人確認も、ふだんから親しくつきあっている間柄だからできるのだよ」

真のバンカーとは？

「僕がイメージしていた銀行とは全く違っていました。

ホフマンさんが考える真のバンカーとは、どういう人たちですか？」

そんなことは考えるまでもないというように、ホフマンさんは静かに、きっぱりと答えてくれた。

「真のバンカーの仕事とは、顧客の財産を守り、それを関係者全員の幸せに生かすことだ。

変な投資をすすめたり、金儲けの手助けをすることは、バンカーの仕事ではないと私は考えている。多くのバンカーが、顧客の幸せを忘れ、コミッション（手数料）目当てに、不誠実な仕事をしているように思う。

バンカーは顧客を大事にし、顧客もバンカーを尊重するという関係がないと、真のバンカーも生まれて来ない。顧客のほうにも、問題がないとはいえないわけだ」

僕は、日本のバブル経済を支えている銀行員たちのことを考えた。父のところに日参し、「ビルを建てましょう！」と鼻息の荒い彼らの仕事は、まるで不動産ブローカーのようだった。

ホフマンさんの語るバンカーとの違いに、ため息が出た。

レッスン9
人生を変える知恵を学ぶ

午後のテラスで、上機嫌のホフマンさんが何でも好きなことを聞きなさいと言ってくれた。

僕は、いちばん聞きたかったけれど、今まで遠慮していたことを聞いてみた。

「僕は、自分を動機づけるということを聞いてみたいです。恥ずかしい話なんですが、アメリカであれだけ、素晴らしい教えをゲラーさんから受けたのに、日本に帰ると、すぐにだらしのない自分に戻っていました。今度も、非常にラッキーなことに多くの教えを受けているのにもかかわらず、果たして持続できるかどうか、自信がないんです」

「よく正直に自分の弱さを認められたね。それができれば、半分は成功したも同じさ。まず、自分の状態を悪いと判断して、嫌わないことだね。だらしなくていいじゃないか。君は、そんなだらしない時期を懐かしく思うだろう。だらしないことができた自分をほめてあげなさい。世の中には、だらしのない生活をしようと思っても、できない連中も多いのだからね」

変なところをほめてもらった僕は、くすぐったいのと、うれしいので、不思議な感じにとらわれたのだった。ホフマンさんがなにか思い立ったように言った。

「おもしろい実験をしてみよう。今から、車に乗って、町へ繰り出そう」

自分を動機づける――人は変われるのか？

ロールスロイスに乗って、ぐるぐる町をまわると、一人のホームレスの男を見つけた。ホフマンさんは彼に声をかけると、何やら交渉しているようだ。アルコールの瓶を抱えて、足下も覚束《おぼつか》ない男と握手をすると、僕に手招きしている。行ってみると、びっくりするようなことを話した。

「彼と契約したんだ。酒を今から二四時間飲まなければ、一〇〇フランあげるとね。そして、前金をあげたよ。明日またここで待ち合わせすることになっている。明日まで飲んでいないようなら、もう一〇〇フランをあげることになっている。では、また、明日ここで会おう」

億万長者の不思議な申し出に何度もありがとうと言うホームレスの男を後にすると、我々はロールスロイスに乗った。僕は、正直イライラした。

「何でそんなひどいことをするんですか？　ホームレスの男をだしにして賭けをするなんて！

僕は、ホフマンさんがそんなひどい人だとは思ってもみませんでした」

「そんなことはない。私は、彼にチャンスをあげたのだよ、いいきっかけをね。これで彼がしらふに戻れるかどうか、見てみようじゃないか」

僕は不服ながら、ホフマンさんの言い分もよくわかった。

次の日、同じ場所に行ってみると、例の男が立っていた。しらふになっているようだ。ホフマンさんは、一言二言、言葉を交わすと、一〇〇フランを彼に渡した。

次の日も、その次の日も同じ光景が繰り返された。

そして四日め、僕たちが約束の場所に行っても、彼は現れなかった。近くの安酒を出すバーに運転手を行かせると、例の男は飲んでいたらしい。

「これが、何を意味するかわかるかい？」

僕は、ショックで何と言っていいかわからなかった。

「人はなかなか変われないものだよ。よほどのことがないと変わらないようにできているのだ。健康、経済、男女関係や人間関係で破綻《はたん》的なことを経験しなければ、人は変われない。私は、そう考えている」

「でも、あの人に悪いことしちゃったなと思います。最初から、変な夢を見せなければ良かったのに……」

「**そう思うなら、彼のことを一生忘れないように、肝に銘じておきなさい。**何かをやめたくなったりした時、今日の彼を思い出しなさい。君が人生を変えきることができたら、彼のこの数日の努力が無になることはないだろう」

自分を動かすための5つのテクニック

1）自分がこのままいけば、どうなるのかをありありとイメージする

「人は、いつでも何とかなると思っている。それで、ぬるま湯から出るチャンスを逸した、ゆでガエルのようになってしまうのだ。**成功していく人は、セルフフィードバックシステムを持っている。このままいけば自分はどうなるのかを正確にイメージできるのだ。**

たとえば、ある人が、大きな会社にいるとしよう。大企業であればあるほど、だいたいの未来がわかるものだ。自分の数年後、十年後、二十年後が見えるかどうかだ。多くの人間は、できるだけ現実を見ないようにしている。

人生の流れ、上昇率、時代の変化を計算に入れて、来年どのような人生を送っていると思うかい？」

僕は、自分の学生時代を想像して、飲んでもいないのに、二日酔いのように頭が痛くなった。それ以上に、何も語る必要はないだろう。絶対に受け入れられないと思った。

「来年の状態がよさそうであれば、何も変わる必要がない。しかし、来年の自分の人生がイヤだと思うなら、どこまでイヤだと思うかが、人生の分かれ目だね」

「はっきりいって、すごくイヤです」

「では、来年の君のイメージを目の前に想像して、ガラス板に映画のように映っていると思ってごらん。できるかな？」

「はい、くっきり見えます」

「では、ハンマーを持ってきて、その目の前の像をこなごなにたたき割ってみてほしい。ひと思いに、エイッといくのがコツだよ」

「はい、今、たたき割りました!!」

「どんな感じだね？」

「すっきりしました。なんか、違った感じがします」

「深いレベルでは、もう君は変わったんだよ。さっきのイメージは壊してしまったんだから」

2）自分のヒーローやヒロインを想像する

「次に、自分のふだんから尊敬する人やあこがれている人をイメージしてごらん。彼や彼女なら、君のような状態にいたとして、そこからどのように人生を変えていくと思うかね？

思いつくままに想像してごらん。自分がどうするだろうというと、無意識のうちに制限がついてしまうかもしれない。でも、自分のヒーローなら、自由に現状を打破するような行動をしてくれるはずだ。そして、そこからどのように輝いていくのか、想像してみるといい。それが、君の無意識からのヒントなのだよ」

僕は、坂本龍馬をイメージした。彼ならどんな時でも、行動できる情熱とパワーがあるからだ。

3）なりたい自分をイメージする。そして、そのプラス面を感じ尽くす

「では今度は、ヒーローがやってくれたのと同じように、自分もすぐその後についていってごらん。途中でうまくいかなくても、君のヒーローが助けてくれるだろう。

それが、できるようになったら、自分がこうなりたいと思う来年の姿を想像してごらん。どんな洋服を着て、どんな場所で、何をやっていれば君はハッピーかい?」

僕は、自分が青年実業家として、いろんな人にアドバイスしている姿を想像した。実にいい気分だった。

「そのイメージができれば、そのイメージをしばらく楽しんでみるといい。そして、準備ができたら、そのイメージが小さくなって、自分のハートのところに吸い込まれるのをイメージして見てごらん」

やってみると、体がポカポカと暖かくなった。

4) 変わるためのあらゆる方策を考える

「次のステップは、現時点の人生を変えるためにできそうな、あらゆる方法を考えてみることだよ。クリエイティブになって、突拍子もないアイデアでも何でもノートに書いてみなさい」

僕は、日本に帰ってからやりたいことをノートに書きなぐった。

5) 今すぐできる行動リストをつくる

「そのアイデアが十分に貯まったら、そのアイデアを組み合わせて、行動リストをつくるのだ。できるだけ、すぐできることを一〇個を選び出し、リストを明確にすること。このリストを情熱的にこなしていくと、君の人生に奇跡が起こるだろう」

ミリオネアの6つの習慣

「ミリオネアになるためには、普通の人生を生きていては、不可能だという話をしたよね。実際にどんな習慣を身につければいいのかという話をしてあげよう」

1）余分に払う

「ミリオネアの連中の成功のいちばんの鍵は、彼らが人生でいつも余分に払ってきたからなんだよ。それは、従業員時代から始まっている。彼らは、単なる一従業員の頃から、求められる仕事以上の働きをすることを癖にしてきている。

アンドリュー・カネギーやエジソンの伝記を読んでごらん。彼らは、決してつまらない仕事だからといって、手を抜いたりしない。その結果、会社や上司にとって、彼らはなくてはならない存在になっているのだ。**独立を希望している多くの若者は、つまらない仕事をやらされているから独立したいという。しかし、そういう人間は、たいてい失敗する。世の中につまらな**

い仕事などない。また、つまらない人間もいない。ただ、仕事とつまらない関わり方をする人間がいるだけだ。

ミリオネアになる連中は、独立してからも、いつも余分に支払う。彼らは、お客が期待することをはるかに上回る仕事をして、驚かせるのだよ。その差額の分が彼らを成功させるのだよ。当たり前のことを当たり前のようにやって成功できることはない。その習慣は、彼らが金持ちになっても続く。私も、仕事上多くの人に給料や報酬を払うようにしているが、できるだけ、たくさん払うようにしている。相手に負担がない限り、いちばん多く払うのだ。

たとえば、顧問弁護士には、いちばん高い顧問料を払っている。つまり、彼にとって、私は、いちばんの顧客なわけだ。だから、何かあれば、いつも最大限の努力を最高のスピードでやってくれる。

余分に支払うのは、仕事上だけではない。給料、対人関係、レストランでのチップなども、必ず少し余分に払ってあげるのだ。それにより、彼らは良好な人間関係を持つ。それが、彼らにさらなる幸運をもたらすことになるのだよ。君も、御馳走してもらったり、いい情報をもらったりしたら、その人にお礼をしたり、恩返しをしたりしたいと思うだろう?」

2）金持ちとつきあう

「金持ちとつきあうのも、ミリオネアになるためには大切だ。金持ちは、金持ちとしかつきあわない。

同じ仕事をしていても、普通の人相手と金持ちを相手にするのでは、スケールが違ってくる。金のない客は文句ばかり言うが、金持ちの客は、新たな客を紹介してくれるばかりか、貴重なビジネス上の情報をそれとなく教えてくれたりするものだ。私の銀行の顧客にしても、最低預入資産を高く設定している。すると、それだけの格の客しか来なくなるのだよ。彼らは、もう手数料の話をしなくなる。それよりも、どれだけ質の高いサービスを提供できるのかの話しかない。最高のサービスさえ提供してもらえれば、いくらでも払う準備があるのだよ。

普通の人が、なぜ金持ちとつきあうのがいいかというと、それは、お金の流れを身近に感じるためだ。豊かなお金の流れは、普通の人には来ていないものだ。金持ちの周りをぐるぐるまわっているのだよ。だから、**運のいい人間、金回りのいい人間の周りをうろうろするだけで、金運がめぐってきたりするのだ。**

私が若い頃、ある金持ちが言っていた。金持ちになりたかったら、三つのことをしなさい。それは、『いい服を着て、金持ちを友達として、いいユーモアのセンスを持つこと』。これだけやれば金持ちになれるというのだ。これは、あながち嘘ではない」

3）ベストを求める

「たえずベストを求めるというのも、ミリオネアになるためには大切な習慣の一つだね。それは、自分の身の回りにおくもの、触れるもの、人も含めてベストなものを求めるということだ。

それは、もちろん自分にも当てはまる。毎日自分のベストを尽くしているかどうかを一流の人間は気にする。周りがどう思うかは関係ないのだよ。一流のアーティストは、自分が満足いく練習をできたかどうかという価値基準で生活している。

他人がどう思うかではなく、自分が幸せになれるかどうかを基準にすることだ。

ベストなものを求めるようにすると、不思議なおまけがついてくる。それは、ほかの分野のベストなものや人が引き寄せられてくるのだよ。類は友を呼ぶと言うだろう。それが、まさしく起きるのだよ。君が実業家で一流のレベルの仕事をしているとしたら、スポーツ選手、歌手、大学の先生、政治家で最先端の分野にいる人たちと引き合うようになる。これが、人生のおもしろいところだね。真剣勝負で生きている人たちは、お互いの臭いをかぎ取るのだよ。そして、そこで芽生えた友情は、長く続いたりするものだ。

たえずベストを求めると聞くと、まじめでおもしろみがないと思うかもしれない。毎日、何時間も練習したりするのは、外から見れば苦行のように見えるかもしれない。しかし、彼らにとっては、自分の才能をどこまで磨けるかという、ゲームのようなものなのだよ。そのゲームにとことんはまっているのが、天才たちだと言えよう」

4）義務や役割をこなしながらも、好きなこと、楽しいことをする

「さきほど、ベストを尽くすと言ったけれど、苦しみながらやれというわけではない。普通の人は、たいてい会社や家族から期待されたことや、自分に課した義務や役割を生きている。だから、何かを長時間やれというと、苦痛を感じると思う。いやなことをずっとやらされるのだから、それも無理はない。

幸せに成功している人は、何かをやる時、それを自分がやりたいことがどうかで、判断するのだよ。好きなことや自分が楽しめることをやれば、その分成功する可能性もぐんと高くなる。

時間は命だよ。金持ちになれば、お金より、時間がはるかに大切なことがわかってくる。

普通の人にとっては、もちろん、やりたくないといっても、そういう選択肢はないかもしれない。そのときは逆に、それは与えられた仕事として、一〇〇％の力を注ぐのだ。それを楽しもうと決めてとことんやり遂げてしまう。やるべきことは、すぐに片づけていく人だという評判がたつだろう。そうすると、チャンスが舞い込むようになる。いちばんいけないのは、何となく、ダラダラ仕事をしてしまうことだね。成功していく人間は、イヤなことでも、やらなければいけないことは一息で片付けてしまうのだよ」

5）長期的なビジョンを持つ

「長期的なビジョンを持つことも、大切な習慣の一つだね。普通の人は、せいぜい来週や来月のことしか考えていない。それも、人生の根幹にかかわることではなく、遊びのスケジュールだろう。好きでもないことをやっているために貯めてしまったストレスを発散することに、一生懸命お金と時間と労力を使っている。残念ながら、もともとのストレス源である仕事をどうにかしようとまでは考えないのだよ。

幸せに成功する人たちは、今蒔《ま》いている種が、それがいいものであれ、悪いものであれ、必ず自分の人生に出てくることを知っている。言い換えれば、今の生活や習慣が、将来の自分の人生をつくることを体感しているのだ。だから、長い目で見て、今の習慣を変えようと努力する。彼らだって特別な人ではないので、すぐにそれができるというわけではない。しかし、この物事を見るスパンの長さが、長い間に、大きな差をつくるのだよ」

6）自分でなくてもできることは人に任せる

「億万長者になるために、どうしても必要な習慣がある。それは、人に任せるということだ。

優秀な人ほど、すべてのことを自分でやりたがる。しかし、人間には二四時間しか与えられていない。その限られた時間内で、何をするのかがその人の人生を決めると言っていいだろう。そのためには、自分の時間の使い方を見直すことが重要なのは、多くの人が理解している。

でも、ほとんどの人は、自分の時間をいかに効率よく使うかにしか意識を向けない。手帳の書き方を工夫したり、細切れの時間をどう使うかしか考えない。それでは忙しいのは少しも変わらず、かえって大きなものを取り逃がしてしまう。時間を有効に使うには、もっと大きい視点からものを見なくてはいけないのだよ。

人生で最も時間を効率よく使いたければ、自分のいちばん得意で好きなこと以外は、ほかの人にやってもらうことだ。そのためには任せる天才にならなければいけない。こういうと、自分だけ好きなことをやって、嫌いなことを人に押しつけるというように考えるかもしれない。

世の中には、たくさんの種類の人間がいる。何かを任せる時には、いちばんそれを楽しんでやれる人を見つければいいのだ。任せる人を選ぶのが九割の仕事で、あとは、何をどのように任せるのかを考えればいい。

私が理想としているのは、そういう社会でもある。世界中の人が自分の好きなことだけをやって生きているなんて、素晴らしいと思わないかい？ それを実現するためには、まず自分の周りからだ。自分が好きなこと以外は、それを好きで得意な人にやってもらうこと。

君ができる最大の奉仕は、いちばんうまくできることをやることなんだよ。そうすれば、それによって得られる報酬も、イヤイヤしている仕事から得られるものよりはるかに高くなるだろう」

ミリオネアになるための5つの銀行口座

「日常的にできることを一つ教えてあげよう。それは、銀行口座をいくつか持つ方法なんだ。これなら、誰にでもできるだろう。資産家になれば、もうこのような面倒くさい方法を取らなくてもいい。しかし、それまでは、使えるお金も少ないのだから気をつけて管理しなさい」

1）ミリオネア口座

「ミリオネア口座というのはね、君がミリオネアになるための口座なのだよ。これは、君が一生引き出してはいけない口座なのだ。この口座にあるお金が、君のさらなる豊かさを引きつける磁石のような働きをする。

君は、一生の間に億万長者になるつもりかな？」

「もちろんです。それを学ぶためにわざわざスイスまで来ているんじゃないですか！」

「では、何歳までに、ミリオネアになるつもりなのかを教えてほしい」

「う〜ん、それはですね。四〇歳ぐらいかな。それまでには何とか」

「ずいぶん、時間をかけるんだね。まあ、いいだろう。億万長者は死んだ時、使い切れないお金が口座にあるということだよね」

「そうでしょうね。金持ちなのだから、たぶん、何億円もあるんでしょう」

「今から君がだんだん豊かになるとして、貯まったお金は銀行に預けておくよね」

「それはそうでしょう。現金で家においておくとしても、たいした金額じゃないでしょうね」

「ということは、一生引き出さないお金があるということだね」

しばらく考えた。たしかにそうだ。億万長者は、一生引き出さないお金があるんだ……。

「だから、この口座は、いったんお金を入れたら、一生引き出してはいけないのだ」

「え〜！　引き出せないのなら、貯める意味がないじゃないですか？」

「そんなことを言うから、君は貧乏なままなんだよ。お金に縁がない連中にとって、銀行はお金の一時保管場所にすぎない。金持ちにとっては、ずっとお金を寝かせている場所なのだよ。だから、これから臨時収入が入ったりすると、その一部をこの口座に入金するのだ。この口座は、磁石のように、君に資産を引き寄せてくれる。今まで私はこの方法で、何百人という億万長者をつくってきたのだよ。だまされたと思ってやってみなさい。自分の豊かさを引き寄せる力が数倍になるのを実感できるだろう」

2）日常口座

「日常口座はわかるね。君のお金の出入りが最もある口座だ。この口座は、公共料金や支払いをするために使う。そんなに説明をする必要がないだろう」

3）自己投資口座

「自己投資口座とは、自分の将来になるために必要な書籍、セミナーに使う分として別口座に分けておくということだ。臨時収入があれば、ここに一定の割合でお金を入れるようにするといい」

4）プレゼント口座

「金持ちは、たくさんプレゼントをする。そのために、口座を用意しておくのだ。そこから、その月の予算に応じて、プレゼントしていけばいい。なにも高価なものをプレゼントするだけがいいわけではない。気の利いたカード一枚でもいいのだよ。

この口座を所有していることは、君の豊かさの源泉でもある。愛する人に、プレゼントをあげて、喜ばれるのは、お金の素晴らしい機能の一つだからね。もっと、たくさん引き寄せてもいいという許可を無意識のうちに自分に与えることにもなる。お金は、自分を含める全員にとって素晴らしいものだという認識を持てれば、あとは早いのだ」

5）投資口座

「この口座は、投資するためのお金を貯めておくための口座だ。そこから、あらゆる投資をしていけばいい。これも、多額である必要はない。少しずつから始めて、多くしていけばいいだろう。ただ、焦って、この口座にたくさんお金を入れないことだよ。持っているお金が少ないうちは、とにかく新たなお金を生み出す力を先につけることだ。投資の威力が発揮されるのは、ある程度まとまったお金ができてからだからね」

レッスン10

ビジネスをマスターする

「金持ちになるのに、どうしても避けて通れない関門がある」

いつになく険しい顔で、ホフマンさんは、語り出した。

「それは、ビジネスと投資だ。この二つをマスターせずに、金持ちにはなれないのだ。いよいよ、君にも、実践を積んでもらわなければいけない時が来た」

いよいよ待ちに待った課題が来るぞ！　僕は興奮を抑えきれなくなった。

「さあ、どこからでもかかってこい!!」

僕は気合いを入れ、ホフマンさんの言葉に全神経を集中させた。

メンターから与えられた試練

「四週間で一万フランつくってきなさい。どんな方法を使ってもいい。集めてきたお金は、全額寄付することになっている。四週間後、小児病棟を設立するための寄付パーティーが開かれる。君の名前で一万フラン寄付すると、財団の理事長にさっき話してきたところだ。理事長は喜んでくれてね、そのパーティーでは、君が二〇分間スピーチすることになったよ。君は、スピーチをハーマンに習ったそうじゃないか。ぜひ、君のアメリカ仕込みのスピーチで、スイス人をうならせてくれたまえ」

「わかりました。おもしろそうですね。実を言うと、これといった課題がなかったので、待っていましたという感じです」

「いいねぇ。君なら必ず、やり遂げられるだろう。そこで、君には、もう少し厳しい条件をつけることにした。ビジネスといっても、美学が伴わないのは、単なる金儲けだ。君には、もっと美しくお金を稼いでもらいたい。そのために六つの条件がある。

①　人を喜ばせること。
②　多くの人を巻き込むこと。
③　お金の流れを生むこと。
④　関わる全員がハッピーになるような仕組みをつくること。
⑤　リピートができる可能性を持つこと。
⑥　感動、感謝、癒しが起きること。

では、これを一つひとつ説明していこう」

1）人を喜ばせる

「ビジネスで成功するためには、人を喜ばせなければならない。人を脅《おど》したり、感情的に弱みにつけ込むことで、一時的に売り上げをあげることができたとしても、それは、長期的な利益にはつながらないものだよ。北風と太陽の話を知っているかね？」

「あのイソップの話ですか？」

「そう。人からお金をもらおうと思ったら、向こうから喜んであげたいと思ってもらうことだよ。**人が喜んでお金を持って君の前に列をつくるようになったら、もう成功したも同然だ**」

2）多くの人を巻き込む

「ビジネスで成功するために必要なのは、できるだけ多くの人を巻き込むことだ。少数のお客を相手に商売して成功したとしても、それでは安定しないのだよ。一つひとつの商いの金額は少なくても、それが積み上がるようなビジネスをしなければいけない。そういう意味で、できるだけ多くの人を巻き込めるような仕組みをつくるのが大事だ」

「具体的に言うとどういうことなのですか？」

「お客が新しいお客を連れてきてくれるようにすればいいのだ。多くの人を巻き込んだビジネスは、安定する」

3）お金の流れを生む

「たいていの新米起業家は、ビジネスを立ち上げることに精一杯で、お金の流れをつくるのを忘れてしまう。**大切なのは、売り上げではない。キャッシュフローだ。**売り上げをいくら上げたとしても、それがキャッシュにならないと意味がないのだよ。それは、単なるボランティアだ。今の君にはよくわからないだろうが、とにかく、キャッシュのことだけは覚えておなさい。いかに、きれいにお金の流れを生み出すのかは、大切なことだ。お金の流れを上手に生み出すことができる人間は、何をやっても成功できる」

4） 関わる全員がハッピーになるような仕組みをつくる

「もう一つ大事なことを説明しよう。それは、関わる当事者全員がハッピーになるように、ビジネスを組み立てられるかどうかだ。ハッピーになるというのは、経済的、感情的、その他、あらゆる面を言っている」

「そんなことが可能なんでしょうか？　ビジネスって、勝ち負けのような感じがしますけど」

「そういうやり方もできる。でも、それだと長期的にビジネスを続かせることはできない。**長期的に成功したければ、関係者が全員、うまくいったと思わなければいけないんだよ**」

5） リピートができる可能性を持つ

「**一回限りで終わるようでは、ビジネスは成功しない。**繰り返し、注文がくるような仕組みをどうつくるかが、勝負だね」

「それは、クリーニング屋さんが儲かるような仕組みなんですね？」

「その通り。リピートするのが当たり前だと思ってもらえるようになれば、強いね」

6）感動、感謝、癒しが起きる

「うまくいくビジネスには、必ず、感動、感謝、癒しという要素がある。『こんなに安いの？』『こんなサービスしてもらってもいいの？』という感動があるのだ。

予想外のびっくりが、感動につながる。また、君が持つお客さんへの愛が、感動を呼び、癒しを起こすのだ。それが、銀行業であれ、クリーニング屋であれ、医者であれ、同じことだよ」

「なるほど。でも、人を感動させるなんて、並大抵のことではできませんよね？」

「もちろんそうだね。だから、自分が感動して、すべての情熱を注げるようなビジネスを選ばなければならないんだよ。単なる仕事だなんていうことをやっていたら、自分もワクワクしないし、感動しないだろう。そんなことをやっていて、自分が幸せになれるはずがないのだよ」

「**ビジネスにおける感謝や感動は、成功させるためのガソリンみたいなものだ。**このエネルギーが満タンになると、お客、スタッフ、取引先を巻き込んで、ビジネスは成長していく」

すべての条件を聞いた僕は、うなった。

「う〜ん。これは、どれも厳しいですね。ビジネスで、こんな条件をすべて満たすなんてことが果たして可能なんでしょうか？　僕にはとても信じられません」

「**もちろん可能だよ。それどころか、これ以外のやり方でビジネスをやるほうが大変だよ。**うまくいっているビジネスは、すべてこの要素を満たしている。どうせやるなら、最初からこれぐらい目標を高く持ったほうがいい。できるかどうかではなくて、君がやりたいかどうかだよ」

この一言は、僕のハートに火をつけた。どうせやるなら、難しいほうが燃える!! 彼が言う最高に難しい条件で勝負してやろうじゃないか!!

だんだん燃えてくる僕に彼はガソリンを注ぐような発言をした。

「ただ、外国でビジネスをするのは、ハンディがあるだろう。言葉の問題もあるからね。だから、君のためにフローラをアシスタントにつけるように手配しておいたよ。

彼女に聞いてみたけれど、おもしろそうなので、ぜひ手伝いたいと言っている。何か異存はあるかね？」

異存なぞ、あるはずはないですよ、おじいさま!!

女神と一緒にいられるのなら、僕は、どんなプロジェクトだってやり抜きます。

さすが行動心理学の達人、僕が動くツボをしっかり心得ている！

そんなツボなら喜んで押されちゃいます。僕の情熱は、新たなガソリンで爆発した。

僕は、喜びの感情をできるだけ隠し、わざと真剣な顔をつくって言った。

「ぜひ、やらせてください。きっと、その条件でやり遂げてみせます」
僕は、困難な条件なんかは忘れてしまって、フローラと一緒に時間を過ごせることに驚喜した。

「うまくいかないのは、失敗ではない」

次の日、朝から部屋に閉じこもると、僕は一人でプランを練った。昨日は、フローラのことばかりに気を取られ、ビジネスの条件のほうに意識がいっていなかった。よく考えてみれば、とんでもない条件だ。無理だよ~と思うと同時に、メラメラと情熱が燃えてくるのも感じた。僕は、挑戦が好きなのだ。日本にいた時には、自分が燃えるようなチャレンジがなさすぎたのかもしれない。この課題がきっかけで、自分のことが少しわかったような気がした。

これぐらいの試練でくじけていては、日本男児とは言えないだろう。日本にいた時には、全く意識したことがなかった日本男児という単語が、急に意識に上ってきたことが、自分でもおかしかった。

数時間、ああでもない、こうでもないと寄付プロジェクトと格闘した。そして、天才的なアイデアを思いついた‼

昼前にフローラを電話で誘い出し、二人でランチをとりながら僕のとっておきのプランを説明することにした。

僕のプランは、こうだ。折り鶴をスイスの老人ホームのおじいさんたちに教え、子どもに未来を！　ということで、寄付集めの手伝いをしてもらう。そうやってできた折り鶴を売って、寄付金を集めるというものだ。

これだと、老人と子どもをつなげること、日本文化も紹介できるし、お金も集まる。実に、一石三鳥のプランだ。正確に言うと、これはビジネスではないが、ホフマンさんの条件は満たしているはずだ。困った時の「折り鶴頼み」は、やや安易な感じがしないでもないが、僕は、今までにない情熱を感じた。とにかくやってみよう！

フローラは、僕が話すことに、いちいち感動してくれて、「こんなに天才的なアイデアをたった数時間でよく思いついたわね！」と言ってくれた。フローラにほめられて、僕は、もうプロジェクトが成功したかのように、有頂天になってしまった。

善は急げと、二人ですぐに老人ホームに出かけることにした。館内放送で、日本からゲストが来ていること、折り鶴を折るボランティアを募集しているというアナウンスが流れると、暇な老人が続々とホールに集まってきた。なかには、足下がおぼつかず、両脇を支えられながら来た人もいた。みんな配られた千代紙をうれしそうに手に取ると、先生である僕のほうを向いた。全部で何人だろう？　これだけたくさんの人がいれば、大丈夫だ。「人を巻き込む」という条件もクリアーしているし、少しほっとした。

しかし、一〇分もしないうちに、このプロジェクトが暗礁《あんしょう》に乗り上げたことに気づいた。まるで、ダメなのだ。老人たちは、鶴を折っているかもしれないが、僕の目には、どう見ても、つぶれたワニか、首の短いキリンにしか見えなかった。フローラも同じ意見だった。全員が折り鶴らしきものを完成させた後、老人たちに丁重にお礼を言って、僕たちはそこを引き上げた。スイスの老人たちに束の間にエンターテインメントを提供できて、すごくいい気分だったが、プロジェクトには、あまり貢献《こうけん》できなかったようだ。

作戦変更だ。

「うまくいかないのは、失敗ではない。うまくいかない方法を発見しただけだ」というエジソンの言葉をフローラに教えながら、自分にも言い聞かせ、次なる作戦を考えた。子どもなら、折り鶴をきれいに折ってくれるかもしれない。

フローラと小学校に行き、先生と掛けあった。お願い作戦がきいたのか、五年生のアートのクラスの時間をもらえることになり、僕は嬉々としてクラスルームに出かけた。子どもたちの扱いは、アメリカ修業時代にマスターしている。

いざ、折り紙の授業を始めたが、これも五分でうまくいかないことを悟った。僕が汗をかきかき一生懸命、鶴の折り方を説明しているのに、子どもたちは勝手に飛行機や別の動物をつくっているのだ。従順な子もいたが、その子どもたちの作品はお世辞にも鶴に見えなかった。結局、子どもたちには、大喜びされたが、プロジェクトはいっこうに前に進まなかった。**ホフマンさんの「人を喜ばせるだけでは、単なるボランティアだ」という言葉が、重くのしかかる。**

こうなったら、日本から折り鶴を空輸するしかない！　僕は、日本で小学校の先生をやっている友人に、向こうが夜中にもかかわらず、コレクトコールで電話をかけ、窮状《きゅうじょう》を訴えた。すると、彼女は、日本の子どもたちの折り鶴で、「スイスの子どものための病院設立費用を寄付プロジェクトでまかなう」というアイデアに興奮してくれた。早速、次の日、校長先生に掛けあってみると約束して、電話を切った。

うまくいく時は、何をやってもうまくいくものだ。さきほどの友人の先生が校長室に行くと、たまたま地方紙の記者が別件で取材に訪れていた。彼女は、これはチャンス！　とばかり、スイスの折り鶴プロジェクトの話を熱く語った。

次の日、僕たちのスイス・プロジェクトは、日本の地方紙の文化面にでかでかと載り、田舎町での折り鶴プロジェクトが、こうして本格始動した。

折り鶴が日本の子どもたちや一般市民の方に折られている間に、僕とフローラはスイスでの受け入れ先を探してまわった。日本から届く折り鶴を使って、寄付を集められるだろうか。

日本でのスイス病院寄付プロジェクトのことをぜひ記事にしてもらおうと、ジュネーブの地元の新聞に掛けあったり、ホテルや観光関係の人たちに会いに行った。その甲斐あって、その週末までに、僕はテレビ、ラジオを含む、七つの取材に応じなければならないほどだった。僕の顔は、地方紙のなんとトップにもなり（それだけニュースがない平和な町だったのが幸いだった）、僕は一躍、時の人になった。

同じ頃、日本でも、新聞記事がきっかけとなって、折り鶴をスイスに送るキャンペーンは、大きなうねりとなり、町をあげてのプロジェクトになった。地元のすべての小学校、中学校を巻き込み、子どもたちが競って、鶴を折ってくれた。翌週末までには、五万羽もの折り鶴が、校長室まで届けられることになった。市民や父兄の熱い思いに押し出されるようにして、校長先生と僕の友人は、地元のロータリークラブの募金で、なんとスイスまで来ることになってしまった。

最後の一週間のラストスパートは、異常な盛り上がりを見せた。スイスのテレビ局が日本スイス友好キャンペーンをやってくれたおかげで、募金が次々に寄せられた。なんとその週末までは、折り鶴募金は一〇万フランにもふくれあがったのだった。

その後、校長先生が持ってきた折り鶴は、地元の小学校に永久保存されることになり、姉妹校の協定まで交わすおまけがついた。ほんの思いつきで始めたプロジェクトが、こんなにもたくさんの人を巻き込むとは、自分でも信じられなかった。校長先生には、手を握られ、涙ながらに感謝された。もちろん、このプロジェクトに関わった多くの人に僕は感謝され、大切にされた。「天使の仕事」っていうのがあるとすれば、こういう仕事だろうと思った。人を幸せにして、感謝されるのだから。

僕自身、このプロジェクトに関われたことを神様に感謝した。

多くの人を巻き込んで、お金の流れを生む

ホフマンさんに事の詳細を報告すると、彼は満足げにうなずいてくれた。

「いちばん大切なのは、ビジョンだよ。**多くの人が巻き込まれていくのも、ビジョンが素晴らしかったからだ。君の思いが、多くの人に届き、それが渦になって、広がっていったのだろう。**」

ここまでやるとは正直に思っていなかった。さすが、ハーマンが見込んだだけのことはある。

本当に君のことが誇らしいよ」

「でも、もともとはビジネスをやるという話だったのに、純粋にビジネスをやれなかったのが少し、心残りです」

「君は思ったより完璧主義者だったんだね。そんなことは、全く関係ないよ。多くの人が喜んで巻き込まれ、感動したんだ。その結果、お金が流れて、関係者全員が幸せになったんだろう？　これは素晴らしいことだよ。奇跡といってもいい。私が出した条件をすべてクリアーしたばかりか、お金も当初の条件の一〇倍も集まったじゃないか」

たしかにその通りだ。僕は、もっと自分をほめてあげなくちゃいけないのかもしれない。何か不完全燃焼なのにはわけがあった。それは言うまでもないだろう。あれだけ一緒に時間を過ごしたのに、フローラには僕の思いをまだ告げていない。

「ビジネスに関しての課題は終わりましたが、投資についてどうすればいいのでしょう？」

「君は本当にせっかちだね。今は気にすることはない。ビジネスで成功することが先決だ。私の周りで億万長者になった連中は、みなビジネスで成功している。そして、その後、投資家として成功している。投資家として成功するためには、ビジネスの知識が不可欠だ。だから、先にビジネスをマスターすることに専念しなさい。さあ、課題のことは忘れて。お祝いのパーティーを楽しもうじゃないか。そろそろ、みんな下に集まっているだろう」

にこやかにホフマンさんは笑った。

その晩は、フローラも友人をたくさん連れてきて、身近な友人でお祝いをやることになっていた。だが、ふたを開けてみると、知らない人がたくさん来ていて、誰もが僕と話したがった。それは非常にありがたく、うれしいことだったが、一人ひとりと話をしているうちに、どんどん時間が過ぎていった。僕はフローラと二人きりになるチャンスをうかがったが、その時は訪れないまま、パーティーは終わってしまった。

テラスでの告白

約束の四週めがやってきて、僕たちは、寄付パーティーの会場に乗り込んだ。言うまでもなく、ホフマンさんに仕立ててもらったタキシードで決めた。人生でいちばん大切なスピーチだ。僕の最高に格好いいところをフローラに見てもらわなければ!

パーティーが始まった。最初は、日本から来た校長先生が感謝のスピーチをすることになっている。その前の晩、彼の英語を聞いていた僕は、やんわりと通訳を使うことを提案したが、どうしても、ラジオ英会話で鍛《きた》えた英語で話したいという。英語でスピーチするのが一生の夢だったと熱く語っていた。そこまで言う彼に、僕はノーと言えなかった。だが、実際に彼が演台を登るのを見て、僕は、子どもがケガをしないようにと祈る母親のような気持ちになっていた。

スピーチが始まった。緊張と興奮で彼の英語はいっそう独創的な変化をとげ、とても英語には聞こえなかった。聴衆のスイス人は、きっと彼が日本語で話していると思ったに違いない。しかし、彼のパーソナリティーと身振り手振りがおかしくて、言葉とは関係なく、みんな腹を抱えて笑っていた。短いスピーチだったことも幸いして、校長は大喝采《かっさい》を受け、満面の笑みで、僕にピースサインをしながら降りてきた。校長さんのあまりのはしゃぎぶりに、この美しい誤解については、何も語るまいと心に決めた。

次は僕の番だ。司会者が僕の紹介を始め、いよいよ運命の時がやってきた。

僕は、練りに練ったスピーチの原稿を手に、静かに語り出した。ざわついていた会場も、僕のつかみのジョークでいっぺんに盛り上がった。そのあとの、スライドを交えた感動的なプレゼンテーションで、会場は一つになった。

僕が繰り出すジョークは、スイス人にも大いに受け、大爆笑の連続だった。フローラも、ケラケラときれいな顔をくしゃくしゃにしながら、笑っていた。そういう彼女の人目を気にしないところも、僕は大好きだった。

日本の子どもたちが折り鶴を一生懸命に折っているスライド。小学生たちが、にこやかに手を振る写真。校長室に到着した数万羽の折り鶴。わざとびっくりする校長先生の顔（彼は、なかなかの役者だった）。日本の地元の新聞記事。僕が剣道着を着て、スイスのホテルのフロントの人に交渉している場面のスライドを、会場の参列者に紹介した。

最後に、日本の子どもからの愛のメッセンジャーとしての役割を全うできたこと、多くのスイスの人たちからの暖かい応援に対する感謝を述べ、僕は日本式のお辞儀をして、深々と頭を下げた。一瞬会場が静まった後、感動のエネルギーが嵐のように会場をかけめぐるのを感じた。万雷《ばんらい》の拍手がわき起こり、ブラボーと叫ぶ観衆の声援に手を振って応えると、僕は映画スターのように、かっこうよく演台をかけ降りた。

オリンピックの体操選手が鉄棒から見事に着地したような、完璧なスピーチだった。それまでの人生で、最高の出来だったと思う。いち早くフローラの元に駆けつけたいのに、握手を求めるおじいさん、おばあさんに囲まれてしまった。あの「ドラム缶おばさん」もこちらに向かって走ってくるのが見えた。

僕は申し訳なく思いながらも、アメフトの選手のように必死に彼らをふりきると、フローラのところに駆け寄った。彼女も感激してくれたのか、涙を流している。僕たちは、しっかりと抱き合った。それは、まるで映画のワンシーンのようだった。そのまま彼女の手を取り、外のテラスに出た。空気がひんやりとして、星空が美しい。

僕は、さっきのスピーチよりも何倍も入念に準備した「決めの言葉」を彼女に投げかけた。

「君に話したいことがあるんだけれど……」僕は、緊張しながら彼女を見つめた。

「私もなのよ。実は……」と言いかける彼女に僕は言った。

「君から言ってよ。同じ話かもしれないから」

「ありがとう。実は私、あなたに頼みがあるの。言ってもいい？」

「もちろん」

僕は期待に胸をふくらませた。日本に一緒に連れていってほしいと言うことだろうか。それは困るな〜と思いながらも、いや、日本男児たるもの、すがってくる女性にノーと言うべきではない。森鷗外の「舞姫」に出てくる主人公のように、優柔不断で無様《ぶざま》なマネだけは、僕はするまい。第一、恩人のホフマンさんにも、申し訳がたたないではないか。愛する孫娘なのだから。僕は、腹を決めた。

彼女が、どんなことを言ったとしても、僕は、大きな声でイエスと言おう！

フローラは、恥ずかしそうに僕をその大きな瞳で見つめると、言った。

「あなたのスピーチは本当に素晴らしかった。ハートにダイレクトに響いてきたわ。話の深さ、おもしろさも、天才的だった。あなたほどスピーチのうまい人を私は知らない。私、感激して泣いちゃったもの」

フローラのほめ言葉は、心地よい音楽のように聞こえた。

「そこで、あなたにお願いがあるの。私の結婚式でも、あなたにスピーチをお願いできないかしら？」

私の結婚式？？？？　僕は、完全にわけがわからなくなった。まだつきあってもいないのに、もう結婚式の話⁉　混乱する僕をよそに彼女は続けた。

「私、将来ヨハンと結婚するのよ。あなたも会ったでしょう？　結婚式のパーティーで、あなたに外国の友人として、スピーチしてもらえたらなと思って。どうかしら？」

ハンマーで殴られたようなという言葉があるけれど、僕は、その比喩《ひゆ》が単なる比喩でないことを初めて知った。それは、かつて味わったことのない強烈なパンチだった。

「も、もちろん、僕の返事は、イエスだよ。喜んでやらせてもらう。スピーチは、得意なんだ。フローラのためなら、世界中どこからでも、飛んで来るよ」

精一杯の作り笑いを浮かべて、最後は、絞り出すように言った。

「うれしい‼」

抱きつかれても、僕は、昔、田舎で見た、ボロボロのカカシのように、そこに立っているのがやっとだった。

それから、ふらふらとパーティー会場に戻った僕を見つけたのは、あのドラム缶おばさんだった。彼女が、口から泡を飛ばして、僕のスピーチがいかに素晴らしかったかを語ってくれた。ほかにもいろんなことをまくし立てていたように思うが、あまり覚えていない。


その晩、僕は一人、ベッドに突っ伏して泣いた。

フローラへの思いをどこに持っていけばいいのだろうか？

どうしようもなく、やるせない感情が次々出てきて、圧倒された。子ども時代のことも走馬燈のようによみがえり、まるで、感情のダムが決壊したようだった。

その晩、僕は、夢を見た。海で、ひとりぼっちで、ボロボロの筏《いかだ》に乗って、漂っている夢だ。夜空に見える三日月が、何とも寂しく、心細かった。

レッスン11

幸せなパートナーシップがお金を呼び込む

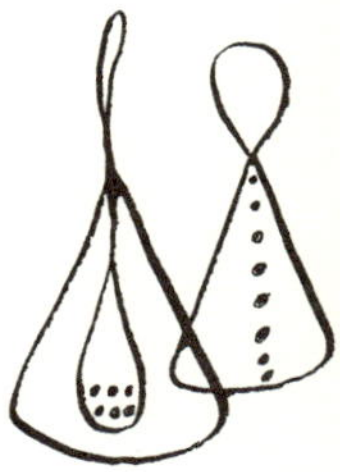

朝起きると、雨が降っていた。こういうのを涙雨というのだなと、僕はぼんやり考えた。はれぼったい目のまま、僕は朝食の席についた。ホフマンさんは、僕の異常には気づいていたはずだが、特に何も言わなかった。その気遣いがまた心にしみた。

その日の夜、ホフマンさんは、書斎に僕を連れていき、ワインをすすめてくれた。暖炉《だんろ》の火を見ながら、彼は僕にやさしく語りかけた。

「女心とはわからないものだね。フローラは君のことをいたく気に入っていたようだったけれど。何でも私には話してくれていたのに、結婚を決めていたなんて、私もびっくりしたよ。しかし、わからないな。いつも、君と会ったことをうれしそうに電話で話してくれてたし、君は今まで会ったことがないタイプの男性だとほめていたのだがね。ヨーロッパには、あんなジェントルマンはいない、とっても尊敬できる人だと言ってたよ」

ホフマンさんの話を聞けば聞くほど、僕は、ソファに深く沈み込んでいった。単なるなぐさめの言葉かもしれないのに、ホフマンさんの話を信じたい自分が、何とも哀れで、悲しかった。

「まあ、これぐらいでめげていちゃダメだよ。君は、本当に素晴らしい男なのだから。私に言われてもうれしくないかもしれないけれどね。パートナーシップは、ある意味、運命なのだよ。縁がなければ、どれだけ本人同士がくっつこうと思っても、うまくいかないんだよ」

話を聞くうち、勝手に運命だと思って、独り相撲《ずもう》を取っていた自分が、恥ずかしくなって、気分が落ち込んだ。

「**君に、とっておきの秘訣を教えてやろう。気分が明るくなる呪文《じゅもん》だよ。どれだけ落ち込んでも、三分で回復する技《わざ》だよ。**いいかい？」

じっと真剣に見入る僕に向かって、おもしろい顔をつくって言った。

「とっておきの呪文はね、ウァハッハア～と言うんだ」と言って、大声で笑い出した。

あまりにも楽しそうに笑うホフマンさんを見て、僕も釣られて笑ってしまった。

そして、一緒に馬鹿馬鹿しい呪文を唱えてみた。すると、あまりの馬鹿馬鹿しさにおかしくなって、僕は、笑いと悲しみの混ざった不思議な涙を流しながら、腹を抱えて大声で笑った。

たしかに、昨日のパーティーの二人は笑える構図ではあるよな。昨日のテラスでの会話を映画で見ていたとしたら、さぞかし僕は腹を抱えて笑ったに違いない。

ホフマンさんの迫真の演技で、ようやく気分がほぐれてきた。その様子を見て安心したのか、彼は、にこやかに語り始めた。

パートナーシップとお金の関係

「パートナーシップとお金がどうつながっているのかを説明してあげよう。

私はね、このことに二〇歳の時に気づいたのだ。私は、君と同じように片っ端から億万長者を訪ねて歩いていたのだが、彼らの共通点を見いだそうと努力していた。そこで、見つけた一つが、これなのだ。億万長者は、非常にパートナーシップを大切にする。パートナーシップとは、別に恋人とか、夫婦に限定するわけではない。ビジネスのパートナーも同じことだからね。成功している人は、相手との信頼関係をとっても大切にしていた。

もちろん、たくさん愛人をつくっている金持ちもいたがね。私の目から見て、誰一人として、幸せそうなのは、いなかった。浮かれて、楽しそうなのはいたがね。でも、出会いと別れを繰り返しているだけの享楽《きょうらく》的な世界には、平安も幸せも見いだせなかった。それは、仏教で言う永遠に続く地獄のようなところに思えるね。終わることのないアドレナリン・ドライブのジェットコースターに乗っているようなものだから」

僕は彼の説明でわかるような気がした。当時の日本はバブルの絶頂で、不動産の帝王みたいな人に僕はたくさん会っていた。会うたびに愛人が変わる人、ビジネスのことを舐《な》めきったエセ実業家が銀座にはのさばっていた。政治家の事務所にも出入りしていたので、ホフマンさんの言う、浮かれて騒ぐむなしさをたくさん見た。

「本題に戻ると、**幸せな金持ちたちは、パートナーをとても大事にしているのだよ。彼らは、何かうれしいことがあったら、パートナーに知らせ、落ち込んだり、苦しいこと、悲しいことがあったら、パートナーに慰めてもらうのだ。それにはお金もかからないし、夫婦の絆は深まるし、いいことばかりだね。**

私が会った億万長者たちは、自分が築いた莫大な財産やビジネス帝国より、パートナーのことをよほど大事に思っているように見えたね」

愛の結びつきが、過去の痛みを癒す

「お金は、カップルや当事者のパートナーシップの深さを試す。お互いの中にある、まだ癒されていない部分をあぶり出してくれるのだ。

ビジネスパートナーでも、カップルでも、お金を中心として、対極にわかれてしまうものだよ。たとえば、ケチタイプと浪費家、心配屋とギャンブラーが一緒にビジネスをしたり、結婚したりするものなのだ」

僕は、知っているカップルの顔を思い浮かべ、その通りだと思った。

「でも、なぜ、そうなるのですか？」

「人間は、相手とのバランスを取るために、相手と逆の立場をとろうとするのだよ。たとえば、ポジティブな人がネガティブな人と組めば、それまで以上にポジティブな自分を演じてしまう。自分でも変だなと感じながらも、その役割をやってしまうものなのだよ」

「なるほど。では、両方ともケチタイプの人が出会うとどうなるんですか？」

「いい点に気がついたね。外からわからなくても彼らにとっては、どちらかが必ずよりケチになり、一方が浪費家になるのだ。昔、ティーバッグ一個で紅茶を何杯も取ろうとして、そのケチぶりを奥さんになじられている億万長者がいたんだよ。でも、その奥さんだって、世間的に見れば、十分ケチで通る人なんだよ。このカップルなどは、典型だね。ちなみに、彼女は、そんなケチをやめなければ、離婚だと騒いだのだよ」

「すごいですね。そんな家に招かれても、気軽に紅茶のおかわりくださいなんて言えないな」

「ちなみに、その夫婦は、この家に住んでいるんだよ。私たちが、お金のカウンセリングを受ける前だけどね」

「え～、びっくりさせないでくださいよ。本当なんですか？」

「そうだよ。私は、このことを教えてもらうまでは、よくわからなかったんだ。でも、今は大丈夫だから、好きなだけ紅茶を飲んでかまわないよ、ハハハ」

僕は、今はとっても仲がよく、豊かさを絵に描いたような暮らしをしている二人にも、いろんな過去があったんだなと思いをはせた。

マスターマインドがつくり出すパワー

「君はマスターマインドという言葉を聞いたことがあるかな？」

「はい。言葉だけは、ゲラーさんに説明してもらったことがあります。でも、もっと詳しく説明してくだされば助かります」

「マスターマインドとは、複数の人間が心を合わせた状態を言うのだよ。イエス・キリストが一二人の弟子たちと心を合わせたところにまでさかのぼれるだろう。少し前だとフランス革命、アメリカの独立戦争、日本でも明治維新がそうだ。現代では、ガンジーによるインド独立、マーチン・ルーサー・キングの公民権運動など、歴史的な偉業は、必ずと言っていいほど、何十人という人が心を合わせて、初めて可能になっている。


実業の世界では、カーネーギー、ヘンリー・フォード、エジソンたちは、この心の働きを積極的に活用している。要は、たくさんの人が心を一つに合わせてことに立ち向かうというわけだ。ナポレオン・ヒルという若い新聞記者が、カーネーギーに教わったことを『Think and Grow Rich』という本にまとめているから、読んでみるといい」

「なるほど。僕も、例の折り鶴のプロジェクトをやった時に、そのマスターマインドを知らずに使っていたんですね」

「そうだよ。**深いレベルでの心のつながりは、磁石のように、奇跡を引き起こすのだ。**これを積極的に、かつ効率的に活用できれば、君は、どんなことをやっても成功できるだろう。歴史的な偉業に比べれば、お金を引き寄せて、幸せな人生を送るぐらいは、簡単なことだよ」

《幸せなパートナーシップが、お金を引き寄せる4つの理由》

「幸せなパートナーシップが、なぜお金を引き寄せるのかを説明してあげよう。それは、信頼され、信じる者がいる人間は、安定感が出るということだ」

1）人に信頼されやすくなる

「信頼されるのは、癖をつけるようなものだ。多くの人に信頼されれば、されるほど、信頼を受け取る器は大きくなる。パートナーに信頼され、愛されると、それは間違いなくその人の一部になる」

2）お金を稼ぐ大義名分ができる

「ひとりで頑張ろうと思っても、意外と力は続かない。愛する誰かを喜ばせようと考えると、勇気百倍になるってものだよ」

3）余分な出費がない

「パートナーとの関係に深い満足を得ていると、お金を使わなくなる。というのも、二人でいるだけで満足していれば、楽しいし、余分な出費もなくなるのだ。夫婦関係に不満があると、夫は愛人をつくり、妻は、買い物をする。どちらも、お金がかかるからね」

4）チャンスを引き寄せる

「パートナーとうまくいっている人は、なぜか運がよくなるんだね。人間的な安定感が増すせいか、チャンスを引きつける。愛がいっぱいの人生を送っていると、自分はツイていると感じるからだろうか」

なぜ、カップルはお金でケンカをするのか？

「素晴らしいですね。今の僕には非常に遠い感じがしますが、うまくいかないカップルはどうなるんですか？」

「相変わらず、君はいい質問をするね。そう、もちろん、幸せなカップルでないと、このマスターマインドの魔法はおきないよ」

「なるほど。少し話題はそれますが、どうして、カップルはお金でケンカするんですか？」

「それも、いい質問だね。二つの違う家庭から来た人間が暮らすのだから当然だといえる。夫婦のお金をめぐるケンカは、熾烈《しれつ》なものになる。それは金銭の話ではなく、愛をめぐる話だからだ。また、無意識では生存をかけた戦いでもある。自分の子ども時代から抱えるいろんな問題は、夫婦間では、健康、セックス、お金の問題のどれかとして浮上するのだよ。それを二人で力を合わせて解決すると、二人の結びつきは、非常に深いものになる。しかし、それができない場合は、お互いを責める泥仕合《どろじあい》になるのだよ」

「どうして、そうなるのですか？」

「それは、癒されていない痛みが、お金の問題というかたちを取って出てくるからだよ。**たとえば、夫が、誕生日プレゼントとして、自分が期待していたものよりも安いものを買ってきたとしたら、バカにされたと感じてしまう。自分は女として価値がないと言われている感じがしてしまうのだね。**だから、夫を責める。夫は、責められたのは、自分の給料が安いからだ。ひいては、男として価値がないからだと思いこむ。すると、妻の家事に関して、反撃に出るという具合だ」

「わかるような気がします。でも、どうすればいいのですか？」

「簡単なことではない。まず、自分の中で起こる感情の動きを正確に見つめられるかが最初のステップだ。それから、どういう痛みがそのきっかけになったのかを見きわめることだね。それができて初めて、相手を責める必要がなくなる。できれば、相手には、そのきっかけと、どういう痛みが自分の中で浮上してきたのかを分かち合えると、二人はぐっと深くつながれるはずだ。しかし、そこまでになるには、多少の精神修養がいるだろうね。

ほとんどのカップルは、相手の行動をきっかけに、急に出てきた痛みに反応して、逃げ回るので精一杯なのだ。相手を責めることで、痛みを感じないようにすることしかできないだろう。この壁を越えるには、ある程度の、感情的な成熟さと、勇気が必要なのだ」

ちょうど、ホフマンさんの奥さんが、お茶をいれて部屋に入ってきた。

「さっき、最後の部分だけ聞こえたけれど、ずいぶん格好のいいことを言うわね。でも、ケン、この人の別の部分もちゃんと見なければダメよ」

と言って、にっこり笑った。

「だって、この人はね、三〇歳まで大ぼらふきで有名だったのよ。私が会った時は、この人には何かあると感じたし、絶対成功すると信じたけれどね。私の友人の多くは心配してたのよ」

「そうなんですか？　とても信じられません」

仲良く隣り同士で座るホフマンさん夫妻を前にして、僕はほのぼのした気分になった。つくづく、幸せなパートナーシップはいいな～と思った。自分の傍《かたわ》らにその存在を感じることができないのは寂しかったが、さきほどまでの殺伐《さつばつ》とした気分や悲しみは、ずいぶん癒《い》えていた。

レッスン12
お金と幸せな人生を考える

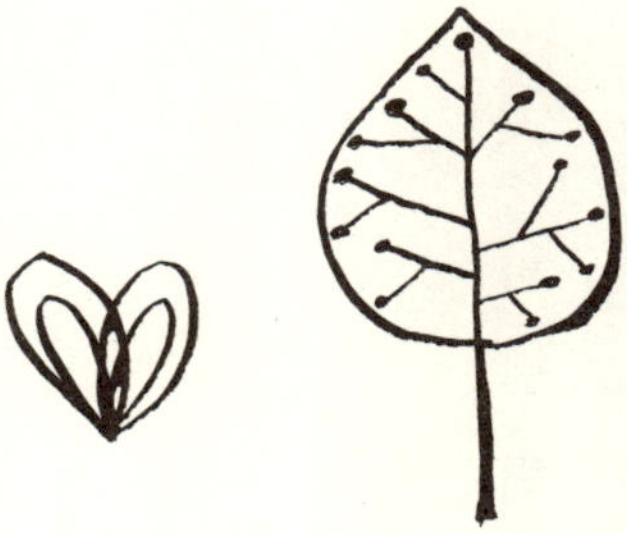

ある朝、起きてダイニングルームに行くと、ホフマンさんが静かに泣いていた。

僕がびっくりして、わけを聞くと、新聞を指さした。そこには、父親が母親を子どもの目の前で射殺したというアメリカの記事が出ていた。記事によると、稼ぎが悪いとなじられたことに腹を立て、カッとなった父親が、母親を脅《おど》かすつもりで銃を構えたところ、暴発してしまったらしい。そこには、五歳の男の子と八歳の女の子がいたという。

僕も感情を強く揺り動かされた。母親を目の前で失った子どもはどうなるのだろう？　父親が刑務所に行って、子どもたちは、どこにいくのだろう？

「お金をめぐって、いまだに毎日世界中で、たくさんの悲劇が起こっている。お金に対する無知や感情的な無責任さが、多くの子どもたちを傷つけているのだよ。私は、その現状を考えると、悲しみで胸が張り裂けそうになる」

「そうですね。僕も、さっきの記事を見て、暗澹《あんたん》たる気持ちになりました。お金なんてないほうがいいのかとも思います」

「たしかに、お金があるので、人間はいがみ合うのだと言う人がいる。しかし、私はそうは思わない。お金は、君をコントロールするものにもなるが、君を自由にするものにもなり得るからだ。**お金の奴隷になるのではなく、お金に人生を導いてもらいなさい。**

お金が存在したおかげで、人類はここまで進化できたと思う。お金があることで、人は、自分の中に欠乏意識があるのを知ることができる。また、経済的理由によって、人は、自分を高めていこうと努力するのだよ。お金の存在は、現在の人類の進化にとって、非常に大切なのだ。自分の欠乏意識に向き合い、それを超えて分かち合おうとするかどうかも試される。お金と向かい合い、格闘することは、自分と向き合い、才能を開発し、人間性を高めることにも直結するのだよ。人間性の向上を考える意味では、非常によくできたシステムだと言えよう」

「お金は、その人の人間性をあぶり出すということですか？」

「そう、その通りだよ。お金はね、人間の善なるもの、邪悪なものの両方を見事に引き出してくれる。その人がお金とどうつきあっているかを見れば、人間性までわかるのもそのためだ。

貧困意識、嫉妬、競争など、ふだんは隠れているものが、お金という触媒《しょくばい》によって、あぶり出される。それが、人間として成長する学びになるのだよ。お金、男女関係、人間関係がなかったら、人間は、考えることをやめてしまうだろう」

お金はエネルギー

「お金はね、つまるところ、エネルギーなのだよ。君の一時間の労働力は、生命エネルギーだと言えよう。そして、そのエネルギーと一〇フランは、交換することができるのだ。一年で二万五〇〇〇フランを稼ぐ人は、二五〇日働くとして、一〇〇フランと一日の労働を交換している。その人の寿命が、七〇年だとして、働ける時間が五〇年だとすると、その人の人生における総労働日数の一二五〇〇分の一が、一日の働く時間に相当する。人生の一日とお金を交換していることは、すなわち、自分の命を切り売りしていることにほかならない。

普通の人は、お金をやるから命を差し出せと言うと、とんでもないと怒り出すだろう。しかし、自分の命をリースするという条件になれば、喜んでOKしているのだよ。それが、労働者の働き方の本質だ。

嫌いな仕事をやると、お金と自分の生命エネルギーがつながってしまう。

このリンクを切らなければ、金持ちになることも、お金と心穏やかにつきあうこともできない。自分の精神レベルが低いうちは、この交換性ですべてを判断してしまう。だから、お金のためなら、命をもかけようとする人が出てくるのは当然だね。だって、彼らにとっては、お金は命そのものだからだよ」

「なるほど、考えてもみませんでしたが、その通りですね。でも、お金さえ手に入れば、こっちのもんだという人の考え方もわからないわけではないですけど、どうなんでしょう?」

「**人をだましたり、人から奪ったりしてお金を儲ける人間は、大きな負債を背負い込んでいるのを忘れている。お金は、エネルギーだと言っただろう。人間の想念も、一緒にくっついてまわっているのだよ。**そういうお金には、人の恨み、憎しみも一緒にあるのだ。そういう人間が、心の平安とともに、過ごせるわけがない。そういうエネルギーは、たいてい周辺の場をゆがめるのだ。平安な毎日を過ごす人殺し、泥棒、ギャングやギャンブラーを想像できるかね?」

「たしかにそうですね。でも、宝くじとかはどうなんでしょう?」

「宝くじに当たってうれしいと思っているのは、表面上しか見ていないからだ。そのエネルギーには、恨み、つらみ、嫉妬のエネルギーがくっついている。『金持ちになりたい〜』という何万人という人の怨念《おんねん》がついたお金を君は受け取りたいかい? 何十億円という宝くじに当たった人間が、数年後に自己破産してしまうのも、そのためだ。自分の器以上のお金を手に入れることほど、不幸なことはないのだよ。宝くじに当たっても、不幸にならない人がいるとすれば、もともと金持ちか、そのお金を周りとうまく分かち合おうとした人間だけだろう」

お金の流れを止める5つの感情

「お金は、非常にその人の内面と関係があるという話をしただろう。その人がお金の流れを止めようと無意識に決めていたとしたら、それを変えることはできない」

1） 心配

「お金の流れを止める一番の力は、心配だ。心配の本質は、いつか、悪いことが自分の身の上に起こると予期することだ。ある意味で、悪いことが起こることを確信していて、それに準備していると言えよう。心配すればするほど、その現実が起きやすいのだ」

「そんなことがあるんでしょうか？　僕には、とても信じられません」

「では、ここに業績が悪くなっている二人の社長がいると想像してごらん。一人は、会社の先行きを心配している。もう一人は、売り上げダウンはちょっと調子が悪いだけで、きっとうまくいくと考えている社長だ。君が資金を提供する銀行の査定係なら、どちらの社長に融資するだろう?」

「それなら、もう決まっていますよ。将来に自信がある社長ですね」

「そうだろう。心配するというのは、未来や他人への呪いでもあるのだよ。友人の先行きについて心配するのは、彼らのことを考えてではない。悪くなってほしくないという望みの下に、悪くなってほしいという願いもあるのだよ。そうすると君は、よりその人にとって、大切な人間になれるからね」

「怖いですね。でも、これまでに僕が心配してきた場面を想像してみると、当たっているような気がします。正直に認めるのは、醜いし、恐ろしいですけれどね」

「もし、君が誰かのことを心配になったら、自分がどうして相手にとって、重要人物になりたいのか、チェックしてみなさい。そして、悪いことが起こるのを予期することで、呪いをかけるのはやめることだ。そして、相手に最高のことが起こるように祈ってあげることだ」

2) 罪悪感

「心配と同じように、罪悪感も、お金の流れを止める大きな力だ。罪悪感は、自分だけ、豊かになってはいけないという縛《しば》りだ。だから、罪悪感を持ってしまうと、ポジティブなお金の流れを止めてしまうことになる。

申し訳ないと思う気持ちは、誰にでもあるだろう。誰かに悪いと思っていると、不思議に自分を罰するような出来事に出会うのだよ。ある意味、その人が引き起こすと言ってもいい。そこで、一時的に豊かになる人も、いろんなことで、お金を失ったり、ビジネスを失ったりするのだ」

3）恨み

「お金や誰かを恨んでいると、お金の流れが止まってしまう。恨みは人を寄せ付けないエネルギーなのだよ。だから、恨みを持てば、そこにわだかまりができる。その固まりが、お金の流れをブロックして、詰まらせてしまう」

4）傲慢《ごうまん》さ

「傲慢さも、お金の流れを止めてしまうことになる。君がお客なら、誰が傲慢な奴のところでお金を払いたいと思うかね？　一般的に、人は、自分が大好きで謙虚な人にお金を払いたいものだよ。傲慢で性格の悪い奴に大切なお金を払いたいと思う人間は、いないものだ。だから、短期的にうまくいっても、傲慢な人間からは、人もお金も離れていくものだ。それを知っておきなさい。

傲慢とお金は、長く両立しないものだよ。どうしてかというと、傲慢な人は、誰にも好かれないからだ。アメリカ人は、自信があるのと、傲慢を誤解しているね。

傲慢になってしまう問題のいちばんは、自分が傲慢だと思っていないことだよ」

5）遠慮

「遠慮も、お金の流れを止める原因になり得る。誰かが先に豊かにならなければ、次の人が豊かになることができないのだよ。豊かさというのは、今までも言ってきたように、お金の流れだ。だから、君が最初にその流れを受けたからと言って、誰かが損するわけではない。君がその流れをせき止めて、ほかにまわさない限りね。

現代の資本主義では、お金の流れを引き起こす力のある人に、お金が流れてくるようになっているのだ。周りの人に遠慮していると、その流れを止めてしまうことになる。かといって、他人を押しのけていいと言っているわけでもない」

「どうしてもネガティブな感情を持ってしまうのですが、どうすればいいのでしょう？」

「まず、ネガティブな感情を持っていることを認識しなさい。

そして、それを否定しないことだ。多くの人はネガティブな感情が悪いものだとして、あたかも、それがないかのように振る舞っている。しかし、それは大きな間違いだ。

ネガティブな感情を無視すると、虫歯が増えていくように、知らないうちに、それが人生を浸食していくからね」

《金運を高める5つのコツ》

1）ポジティブなキャッシュフローをつくる

「最初のコツはね、豊かなお金の流れ道をつくることだよ。これには、二つの意味がある。ポジティブなお金の流れをつくるという意味と、プラスのキャッシュを手に入れるということだ。喜んで受け取り、喜んでお金を流す癖をつけること。また、入る以上のお金を使わないこと。実にシンプルなことだろう」

2）物事を完了させる

「人生の未完了のことは、エネルギー漏れを起こす。やっておけばよかったなと思うことは、すべて完了させておくことが肝心だ。普通の人は、人生で中途半端にやっていることが多すぎる。書いていない手紙、返していないお金や本、ちょっとした電話など、気になることは、すべて先延ばしにしないことだよ」

3） 自分の持っているものを分かち合う

「自分の持っているものをすべて分かち合おうという人は、ツキのある人生を送る。それは、自分の人柄、持ち物、友情、愛情、情報、お金、考え方、考えられるすべてを惜しげもなく分かち合おうという態度で生きることだ。エネルギーのケチになってはいけない」

4） ツイているものとつきあう

「ツキのあるものとつきあうと、それは伝染するのだよ。流行っている店に行ったり、流行の服を着てみる、流行りの音楽を聞くと、そのツキをもらうことができる。ツイている人と時間を過ごすのも、その一つだね」

5） 人生をとことん楽しむ

「最後は、人生をとことん楽しむことだよ。それは、楽しむことが、人生の本質だから。心から笑う者に人生はたくさんのごほうびを用意している。自分が楽しいと思うことをどん欲にやりなさい。それが、最終的に、すべての人のためにもなることを信頼しなさい」

お金の未来

「ホフマンさんは、お金の未来は、どうなっていると考えていますか？」

僕の問いに、遠くを見るようにして彼は語り始めた。

「半世紀以上お金とつきあってきて、気づいたことがある。それは、お金は中立なエネルギーで、それ自体に全く意味はないことだ。それに喜びや憎しみ、悲しみなどの意味をつけているのは、人間だ。お金を動物に見せても、反応しないだろう」

「おもしろいですね。ついこの間までは、フラン紙幣は僕にとって、子ども銀行のお金のようでした。でも、今は、その価値がわかってきたので、日本円と同じように、感情的に揺り動かされる感じがします」

「そうだろうね。そのうち、感情的な揺れが少なくなると思うよ。人類全体も、お金に執着したり、感情的に揺り動かされることが少なくなっていくと思う。ハーマンが、すべての人は、感情的につながっているという話をしたと言っていたね。お金も世界中のすべての人とつながっているのだよ。**君が幸せと感謝でお金を使う時、すべての人を祝福することになる。**君が、怒りと憎しみでお金を稼いだり、使っていると、君につながる人すべてにも、影響を与えることになる。その結果として、自分が与えたものが返ってくるのだよ。ごめん、話がそれてしまったね。私は、お金は、二一世紀の後半に向けて、なくなっていくだろうと思う」

僕は、彼のあまりにも大胆な発言に、度肝《どぎも》を抜かれた。

「お金がなくなるのですか？」

「そう、お金は、未来の世界では意味を持たなくなるだろう。それは、所有という概念がなくなるからだよ。今は、人類は所有という不思議な幻想に縛られている。物質的なものはすべて、生きている間だけ、リースしているだけだというのにね」

「お金がある日、急になくなるということですか？」

「いや、そうではない。近い将来、急にお金がなくなることはないだろう。

しかし、お金は、次第にその重要性を失い、多くの人がどうしても欲しいものにならなくなると思う。これから、二一世紀にかけて、いろんな技術革新が起き、人類は、生活していくという意味での労働から解放されていくだろう。そして、ただ単に生きていくことや、ものを所有することよりも、人生をどう楽しむのかということに注意がいくだろう。

そうすれば、お金は、単なる友情、愛情、サポートのエネルギーがのった投票用紙のようなものになるに違いない。好きなパン屋に行き、その主人を応援するためにおいてくるファンレターのようなものだ。それをたくさん集めたからといって、その人が人間的に優れているわけではない。ただ、応援してくれる人が周りにたくさんいることを意味しているにすぎない。それ以上でも、以下でもない。

感謝することではあるだろうが、誇りに思ったり、俺は偉い！　と思うのは変だろう。人類の意識が進化していけば、次第に、感情的なゴミの量は減り、他人と比べあったり、競争することはなくなるだろう。すると、人は、自分が何をするのかに集中して、自分が楽しめることをやっていくに違いない。そうすれば、君のように、周りのことばかりを気にして、自分の好きなことがわからないなんてことはなくなるだろう」

僕は、そんな理想の世界に思いをはせた。しかし、同時に不安が襲ってきた。

「でも、もし、お金がなくなってしまうのなら、僕は何のためにお金のことを学べばいいんでしょう？」

「なかなか、いい質問だね。中国の少林寺拳法のマスターは戦わなくてもいい境地に到達するために、技を一生かけて磨くのだと聞いたことがある。君は、お金のない世界をつくるために、お金のことを学ぶのだよ。

自分が生まれてきた目的を知りなさい。人を解放する前に、自分が解放されなければならない。君がお金について学んで、マスターすれば、あとに続く多くの人たちの人生を助けること

になる。

たとえば、君がお金から自由になると、君の子どもはお金について、時間を費やすことがなくなるだろう。お金は自分とは何かを教えてくれるが、お金を通して学ぶ必要がある者と、そうでない者がいるのだよ。君がその部分をやることで、たくさんの人がお金の呪縛から、解放されると私は思う」

真の豊かな人生とは？

「ホフマンさんは、豊かな人生ってどんな人生だと考えているんですか？」

「そうだね。私にとって、豊かな人生というのは、簡単な定義で説明できるものだよ。**好きな時に、好きな人と、好きな場所で、好きなことを自由にできる状態だよ。それさえあれば、必ずしもお金は必要ないのだ。**自分の人生に自由と心の平安の二つさえあれば、他に何がいるというのだろう？」

「本当にそうですね。でも、どうすれば、それは実現できるのでしょう？」

「自分の生まれてきた目的につながることだよ。人生の目的につながる時、内なる無限のエネルギーと交流することができるようになる。君の中に眠る豊かさと幸せの源泉につながればいいのだ。ハートをオープンにして、自分を分かち合うだけでいい。

その際に、いっさいの出し惜しみをしてはいけない。ただ、無条件に、自分を差し出すのだ。一〇〇％自分を分かち合った時、君は、驚くべき報酬を手にするだろう。感謝、喜び、そして経済的、人的豊かさだ。そのように生きる時、君はすべてを手にすることになるのだよ」

ミリオネアの若き日の思い出

暖炉の火を見ながら、ホフマンさんが語り出した。

「君を見ているとね、私の若い頃のことをたくさん思い出すよ。君の年頃、世界各地で戦争がおき、どうしようもない不安のまま、何とかその日を暮らしていたものだよ」

「ホフマンさんと、ゲラーさんとの若い頃の話を聞かせてもらえませんか？」

「彼とは、ひょんなきっかけで知り合ったんだけれど、会った直後から気があってね。それからずっと、寝る時以外は一緒にいたものだよ。二人ともまだほんの子どもだったが、野心に燃えてね、どうしようもなく、熱かったものだよ。私たちがずっと一緒だったものだから、私の父と、彼の父も親しくなってね。母親同士が嫉妬するほどだったよ。結局、その二人も、そのうちに親友になって、家族ぐるみでつきあってきたんだ」

「へぇ～、そうなんですか？　それで、二人がついた先生ってどんな人だったのですか？」

「ある有名な銀行家でね。世界中に強力なネットワークを持っていたよ。ビジネス、お金、人生の達人だった。若い人たちで、優秀な人間を見つけると、個人的に深い知恵を授けているらしいということを私とハーマンは聞きつけたのだ。それから、彼のところに通い詰め、何とか、弟子入りすることができた。彼は、決して簡単には教えてくれなかったよ。いつまでたっても世間話で、科学、物理、音楽の話が延々と続いてね、ハーマンと二人で、イライラするのを何とか抑えたものだ。二人ともお金の話を聞きたかったんだからね」

「でも、その暑苦しい情熱が物事を学ぶ邪魔になっていたというわけですね」

「そう。だから、教えが始まるのに一年もかかったのだよ。もう、この老人から、何も学べないとなかばあきらめていた。でも、素晴らしく魅力に富んだ人だったので、よく遊びには行っていた。そんな時に、レッスンが始まったのだ」

僕は、ワクワクして聞いた。そうか、そうだったのか。フロリダでの修業（!?）を思い返し、二人の若い頃も想像した。時代は違えど、同じような学びを共有したんだな。

目の前の老人の若い頃の野心、感動、躍動感が、ダイレクトに伝わってきた。

「あの頃、夢に描いた人生を私は実現した。若い頃の夢をこの老人の体で生きているのだ」

僕は、ハートにじ〜んとくるものを感じた。彼は続けた。

「しかし、人生が、こんなにもあっという間の出来事だったとは、驚くほどだね。唯一後悔している点があるとすれば、もっとそれぞれの時を楽しんでおいたらよかったということだろう。**人生のどん底にあった時、お金に困った時、とてもこんなにいい未来を想像できなかった。人生にもっと信頼をおけていたら、苦しい時も、もっと楽だっただろう。**もちろん、そんな余裕がないから、苦しむんだがね」

僕には、正直よくわからなかったが、なんとなくそうなんだろうなと思った。

夜がふけ、ワインがすすむにつれ、その後の二人の人生の話を聞いた。それは、とても数行でまとめられるものではない。映画のようなドラマチックな展開に、僕はただ聞き入るばかりだった。

ドイツに残ったゲラーさんは、ナチスの迫害にあい、命からがらシベリア経由で神戸に滞在した後、アメリカへ行く。それは、僕がアメリカで本人から聞いた通りだ。ホフマンさんはスイスに行き、実業家、銀行家として成功した。その後、二人の運命は不思議に交錯し、互いの絶体絶命のピンチを救いあった。そんな若い頃からの命がけの二人の友情には、心からうらやましいと思った。

エピローグ
自分と向き合う試練を経て

ホフマンさんは、僕を初めて屋敷の中にある金庫室に招き入れた。そこは、様々な書類がきれいにファイルされ、一見すると書庫のようだった。その部屋の中心におかれたアンティークの机の上に、何かがおいてあり、その上にきれいなテーブルクロスがかけてあった。その机の前に手招きすると、僕をそこに座らせた。

「これから私が君にする提案は、君の人生を変えるだろう。いや、より正確にいうと、その提案にどう君が対処するかが君の一生を決めるだろう」

いつになく、毅然《きぜん》とした態度のホフマンさんを見て、僕は居住まいを正した。

「君にはすべてを伝えてきた。もう、君は十分、一人でやっていけるだろう。私の伝えたことを世の中に知らしめてもらいたい。そのために、お金がたくさんかかるだろう。だから、君には、そのための資金援助をしたいと考えている」

僕は、意外な展開に息をのんだ。ひょっとして、すごいことを言い出すのかもしれない、この人は……。僕が戸惑っていると、ホフマンさんは、目の前のテーブルクロスをバッと一息にはぎ取った。

目の前には、日本円の一万円の札束が、山のように積まれていた。生まれて初めて見る札束の山に、僕は息をのんだ。その僕にお構いなしに、彼は続けた。

「**ここに、日本円で一億ある。これを君に差し上げようと思う。君が好きに使っていいお金だ。報告する必要も、何の義務もない。ただ、このお金を受け取るには一つだけ条件がある**」

あまりの展開に言葉が出ない僕に、彼は言った。

「このお金を君と、君の周りの人が幸せになれるように使ってほしい。それだけだ」

ようやく、自分を取り戻した僕は、ホフマンさんに聞いた。

「そ、それだけですか？」

「そう、それだけだよ。このお金を受け取ってくれるかね？」

僕は、今までの人生で、いちばん頭を高速回転させた。しかし、頭が真っ白になっただけで、何も考えることができない。欲に目がくらみ、目の前にある一億円で何ができるかという想像だけが爆発的にふくらんだ。

日本では、不動産が毎週のように値上がりしている。この一億円を不動産に投資すれば、数年で僕は、名実ともに若き億万長者になれる。これは、女の子にモテるぞ！　雑誌に「若き億万長者」なんて、特集記事で載ったりして。そうやって、有名になってから、この知恵を伝えていけばいいじゃないか。そうだ。金を取れ!!　目の前の金をつかむんだ!!　目の前にいる、気前のいい老人にイエスと言うだけで、この莫大な金が自分のものになる。もう、一生汗水たらして仕事をしたり、お金の心配をしなくてもすむじゃないか。何年もの時間を無駄にしなくてもすむ。大学にも戻らなくていい。勉強なんて、もともと馬鹿馬鹿しいと思っていたよ。さあ、イエスと返事をしろ!!　と内なる欲望の声がだんだん大きくなった。

もう少しで、イエスと言いそうになった時、心の中で小さい声が聞こえた。

「そのお金を取ってはいけない。君は、そのお金にふさわしいだけの人間になることが先だ。この申し出には、きっぱり、ノーと言うんだ」

静かだが、毅然とした声だった。

僕は目をつぶり、しばらく瞑想した。心を落ち着け、自分にとってベストな答えを手に入れるために……。

目を閉じているうちに、先ほどの混乱やワクワクドキドキのエネルギーは、流れ落ちていった。僕の答えは、非常にクリアーにハートに書かれていた。

僕の思うところをホフマンさんに伝えよう。静かに目を開けた。

「ありがとうございます。そこまで考えてくださっているなんて、すごく感激しました。ホフマンさんのお気持ちは、本当にうれしいです。

しかし、僕はこのお金を受け取ることはできません。というのも、僕には必要がないからです。この滞在で教わった知恵さえあれば、僕は間違いなく金持ちになれるでしょう。それを信頼しているので、お気持ちを頂くだけで結構です」

僕の言う一言、一言を静かに聞くと、彼は微笑んだ。

「よく決断できたね！　君は思った通りの器の男だ。実にうれしいよ、私は。今の君には、一億円以上の器が現時点でもあるというわけだ」

ホフマンさんは、にっこり笑うと、僕に握手を求めてきた。

「**お金の器を計るのは簡単だ。**その人のお金の器はどれだけの現金を見せられて心が動くかでわかるのだよ。一〇万円で心が動く人間は、その程度のお金の器しか持っていないということだ。この現金が一〇〇〇万円だったら、君は迷いもしなかっただろう。そして君の器が一億以下なら、この金を自分のものにしてしまったはずだ」

「なるほど。でも、迷ったところを見ると、一億と一万円ぐらいの器なのかもしれません」

「ハハハ。君は本当におもしろいことを言うね。最後に、君にあげたいものがある。こちらに来なさい」

僕は、金庫室を出る時、一億円の札束を見て、心の中で、「また会おうね！」とつぶやいた。

書斎に戻ったホフマンさんは、デスクの引き出しから、最初にくれたのとよく似た宣言書を僕に手渡した。

「真に自由な人間は、お金から解放されているだけではない。お金をも解放している人間なのだよ」

「お金を解放するってどういう意味ですか？」

「普通の人間は、お金について、怒り、憎しみ、嫉妬、喜びなどの感情的なものを感じている。本来、お金とは全く関係のない人間のものだ。そういうしがらみからお金を解放してやってほしい。それができれば、周りの多くの人も自由にしてあげられるのだ」

「なるほど。お金を自由にしてあげるなんて、考えてもみませんでした。たしかに、そうやって考えれば、お金にずいぶんひどいことをしているんですね、僕たちは」

「君ならお金を自由にするだけでなく、もっと先のことができるだろう。多くの人をお金の奴隷から解放してあげるのだ。それと同時にお金もすべての偏見から解き放してあげてほしい」

お金の奴隷解放宣言書

私は、これからの人生で、富める時も、貧しき時も、

その時の経済状態にかかわらず、

お金を私の偏見、悲しみ、怒り、憎しみ、喜びから

解放することをここに宣言する。

（署名）

____

僕は、説明を聞くと、静かに目を閉じ、宣言書の持つパワーを感じた。自分にこの宣言書にサインをする力があるかどうかを聞いてみた。すると、僕の内側から、大きい声で、イエス！という答えが返ってきた。

僕は、手渡されたモンブランのペンを握ると、一気に宣言書にサインした。

今回は、全く迷いがなかった。サインした後、全身に力がみなぎるのを感じた。

スイスで学んだこと

明日が出発という日の午後、僕は、頭の中を整理するため、町はずれの丘に登った。眼下に広がるジュネーブの町を見ながら、自分の変化を思い返した。フロリダの時もそうだったが、今回の旅のなんと大きかったことか！　前回よくわからなかったことも、ホフマンさんの一言がきっかけとなって、さかのぼって一瞬のうちに理解できたりした。目から鱗《うろこ》が落ちるという体験を何度したことだろう。

この二ヶ月いろんなことがあった。最初は、お金儲けのコツをつかんでやると思ってやってきたのに、今では、もうすっかり違うことに意識が向かっている。もらう側から、与える側への大転換が起こったのだ。子どもから、大人になったと言ってもいいのかもしれない。

僕は、今から、与える人になろうと心に決めた。

前回アメリカから帰国して、ゲラーさんの教えを生かせなかったのは、僕がまだ、もらおうとしていたからだ。

スイス滞在の間、僕は何をするにも、「自分のやりたいこと」「周りを喜ばせること」「全員が楽しめること」という集合を頭の中に描いていた。そして、その中心を射抜く練習をした。


僕は、近くの木によりかかると、静かに目を閉じた。スイスに来たことをかみしめるように思い返した。

空港からヒッチハイクして来て、目的地が墓場だった時のこと。どうやってたどり着いたかも忘れた安宿。レストランのウェイター仲間。ホフマンさんの車が店の前に止まった時。ロールスロイスから見る景色。ホフマンさんの屋敷。ミリオネアパーティー。フローラとの出会い。折り鶴プロジェクト。さすがに、テラスでの会話を思い出した時には、ハートがチクリと痛んだ。でも、その場面も、静かに消えていった。

あのパーティー以来、会っていないフローラは幸せにしているだろうか？　僕の愛した人が幸せでさえいてくれれば、僕はもう十分に満足だ。

フローラによると、ホフマンさんの教えは相当に厳しいそうだが、僕には、フロリダのような試練は与えられなかったようだ。人は、プレッシャーをかけないと学べない人と、そんなことをしなくても大丈夫な人間と二通りいるのだと、いつか語ってくれたことがあった。いつのまにか、僕は、プレッシャーなしでも動ける人間に昇格したらしい。

今回の旅では、本当にいろんな人にお世話になった。僕は、人を巻き込むことに一生懸命になっていたけれど、すごくたくさんの人たちが関わってくれたのだ。広島にいる僕の友人の先生。そして、会ったこともない新聞記者。いい味出している校長先生。地元の何千人という子どもたち。日本に帰ったら、彼らのところには、お礼を言いに行きたいな。そして、校長先生の英語のスピーチはウケてたよと子どもたちに言ってあげなくっちゃ。照れくさそうに笑いながらも喜ぶ、校長先生の顔が浮かんだ。

スイスの新聞社、テレビ局の人たちにもお世話になった。おっと忘れてはいけない、最初に折り鶴を教えに行った老人ホームの人たちや子どもたち。あとで、たくさんの変てこな折り鶴とお金を送ってくれたっけ。それを見た時は、僕も感動して泣いてしまった。止めどなく出てくるスイスの思い出に、僕は静かに涙した。一つひとつの場面を思い出しながら、感謝で手を合わせた。ありがとう、みんな。ありがとう。

僕は用意してきた苗木とスコップを取り出して、場所を探すと、掘り始めた。そして、小さい木を今回の学びのシンボルとして、植えた。僕に植えられた「幸せと豊かさの種」がしっかり根付きますようにとの願いを込めて。

今度、僕がスイスを訪れる時は、億万長者になっているだろう。内なる静かな確信があった。

その夜、スイスで知り合った何十人という友人が、ホフマンさんの家で開かれた僕のお別れパーティーに集まってくれた。ワークショップリーダーのオルガや仲間たち、折り鶴プロジェクトを一緒にやり遂げた仲間たち、最初に住み込んだレストランの店長やウェイター仲間。こんな短い滞在の間に、こんなにも多くの人と知り合うことができ、なんと僕は幸せ者だろう。一人ひとりの顔を頭に焼き付けた。だが、僕がいちばん会いたかった顔は、そこにはなかった。

旅立ちの朝

いよいよ旅立ちの朝が来た。最後の朝食が終わって、庭を散歩しながら、ホフマンさんと語り合った。スイスのこと、世界の将来、僕の今後の進路や方向性。ホフマンさんは、どれにも非常に的確に答えてくれた。

「君がスイスに来てから、私はこの世界に希望を持てるようになった気がする。残念ながら、私が生きているうちに、人類がお金から解放されるということはないだろう。

それが実現するのは、いったいいつになるのだろうか、そんな暗澹たる思いが私にはいつもあった。私が導いた若者の中の、ある者は、自分の野心におぼれ、傲慢さという落とし穴にはまり、セクシュアリティーを統合できずに、混乱していった。金持ちになりたいという動機を持つ若者だから、そうなるのも無理のないことかもしれない。

また幸せな金持ちになった人間は、自分の生活に満足して、あまり社会的な事柄に興味を持たなくなってしまった。

その点で、君は変わり種だったね。特に金持ちになりたいわけでもなさそうだし、若者が興味を持ちそうな、車や遊びにも、あまり関心がなさそうだった。君なら、大きなことをやる力があると思う。世界的な変革のうねりをつくり出すのだ」

僕は、神妙な顔でホフマンさんの話を聞いていた。

「今、この瞬間にも、お金に関する悲しみ、怒り、絶望は、世界を覆っている。それは、まさしく、人間の人生に対する悲しみ、怒り、絶望でもある。自分が誰かを理解することなく、社会やお金、会社、家族にこづき回されて、混乱と恐れの中で人生を生きているのだ。

二一世紀が近いのに、まだ人類の大半がお互いを傷つけあっている。特に、子どもたちが無防備で傷ついているのが、私には耐え難いのだ。私なりに、財団などを通して、できることはやっているが、まだまだその力は微力で、世界の悲しみを救うには、圧倒的に弱い。私たちが生まれた頃、世界中で戦争が勃発《ぼっぱつ》し、経済恐慌が人々を恐れさせ、不安と隣りあわせで生きていた。

それに比べれば、現代はいくらかマシと言えるだろうが、それでも、人々は幸せになっただろうか？　武器を使った戦争は少なくなったものの、人々が心の平安を持って生きていくには、まだまだ時間がかかりそうだ。家庭や職場、身近な人間とも、愛と平安でつながっているわけではないからね。

オルガのワークショップを受けた時の夜のレッスンを覚えているかい？　君は、本当に生き生きしていた。君には、人の痛みを解放する才能があると思う。将来、君もああいうことをやっていくのだろう」

僕は、何度もうなずきながら、彼の一言、一言を記憶にとどめようとした。

「君には受け継いでもらいたいプロジェクトがある。それは人々を解放することだ」

「人々を解放するんですか？」

「その通り。このままいくと、資本主義は崩壊するだろう。もちろん、その前に社会主義が先に崩壊するだろうけれどね。現在の世界をつくっている二つの巨大システムがなくなってしまうのだよ。君にイメージできるかね？」

「いえ、僕にはとても想像できません」

「それはそうだろうね」

ホフマンさんはやさしく語った。

「二つのシステムの崩壊は相当大きな社会的、経済的混乱を生むだろう。その時——いつでも動乱の時期はそうなのだけれど、傷つき、苦しむのは弱い人たちだ。子ども、老人、心のやさしい人々ほど苦しむだろう。君には新しい時代の価値観をつくってもらいたい。今からなら、まだ二〇年やそこらの時間はあるだろう」

「そんなすごいこと、僕には無理です」

「今はそう思うのも無理はない。時が来れば、君は自分の道を知るだろう」

静かにホフマンさんは続けた。

「リーダーは決して一人ということはない。自分の人生の目的に気づき、それを一〇〇%生きようと決めた時、その人はリーダーになるのだよ」

「はい、わかりました。それが資格なら、僕はもうリーダーです」

僕はきっぱり言った。

「自分を知りなさい。自分の中にある痛み、偏見、傲慢さ、愛、友情など、すべてを受け入れなさい。それができてはじめて、君は真の自由人となる。

経済的、感情的、社会的、精神的……あらゆる意味で自由になるのだ。この自由を手にした者だけが他人を自由にすることができる」

「それが人々を解放するという意味なんですね？」

ホフマンさんはうなずいた。

「それで僕は、具体的に何をやればいいんでしょう？」

「日本に帰ったら、自分の力でビジネスをつくるということをやってみなさい。**ビジネスをゼロからつくり上げられる人間は、世界中どこにいっても、豊かになることができる。**ビジネスはね、理論でわかったとしても、自分でやってみなければ、わからないことがたくさんあるのだよ。自由人になるための最初のステップが、ビジネスをマスターすることだ。

最初の一〇〇〇万円を自力で稼いでみなさい。それを達成したら、私のニューヨークにいる親友を紹介してあげよう。彼は、ビジネスの達人だ。彼なら、君のいいビジネスの先生になってくれるだろう」

「はい、やってみます。そして、僕が目的を果たしたら、また戻ってきます」

「君なら、必ずやり遂げるだろう。私は、一〇〇%信頼しているよ。楽しんでやりなさい。間違っても、頑張らないようにね」

ホフマンさんはやさしく、僕に微笑みかけた。

空港までの道、僕は、ホフマンさん夫婦と思い出話で盛り上がり、楽しい時間を過ごした。前回のフロリダのような悲しみはあまりなかった。あったとすれば、最後まで彼女の顔を見られなかったことぐらいだ。

空港で荷物のチェックインも無事にすみ、いよいよ搭乗口に行く時にも、僕の視線は彼女を求めてさまよった。しかし、搭乗をせかすアナウンスが流れると、ついに観念して、セキュリティーチェックのところへ向かった。

最後に、ホフマンさん夫妻としっかり抱き合うと、やはり涙が出た。スイスは、僕を暖かく迎えてくれた。彼らの愛が、僕を包んでくれた。スイスよ、本当にありがとう。ホフマンさん夫婦、仲間たち、みんな、心から、ありがとう。深い感謝で、魂がふるえた。

最後に握手をして、いざカウンターのゲートをくぐろうとすると、ホフマンさんは胸ポケットから何かを取り出し、慌てて僕を呼びとめた。

「おっと、うっかり忘れるところだった。君に渡すものがあるんだ。フローラが手紙を君に渡してほしいと言って、私に預けていたんだった。何度も、君に直接渡したらいいと言ったのだけれど、それはできないと言うんだ。くれぐれも君によろしくと言っていたよ」

僕は、手紙を受け取ると胸のポケットに入れ、カウンターへと進んだ。

フローラからの手紙

飛行機が離陸して、味気ない機内食をあっという間に食べてしまうと、何もすることがなくなった。この数時間、ずっと気になっていた手紙は、まだ、僕の胸ポケットに入ったままだ。僕は、フローラからの手紙を胸に感じながら、読むべきか、それとも読まないで捨てるべきかを決めかねていた。手紙を読んだら、彼女への思いがかきたてられ、未練が残りそうだ。でも、簡単に、捨ててしまうこともできない。ずいぶん迷った挙げ句、やはり手紙を読むことにした。胸ポケットから手紙を取り出すと、彼女のつけていた香水が、ほのかに香った。その香りがふわっと僕を包むと、いろんなことが思い出され、胸がきゅんと痛んだ。

封を開けると、便せんには、彼女の容姿と同じように整った、美しい筆記体で書かれた文字が躍っていた。

愛しいケンへ

この手紙を読む頃には、あなたは、機上の人となっていることでしょう。私から遠いところで読んでくださることが、今の私にとって、何よりも救いであり、また同時に悲しいことでもあります。どうこの手紙を書いたらいいのか、あるいは書くこと自体もやめてしまったほうがいいのか、逡巡《しゅんじゅん》しましたが、私の思いを伝えたくてペンを取りました。

まず、あなたの送別パーティーに行けなかったことを許してください。あなたの顔を見ると、私はどう振る舞っていいかわからなくなると思ったから、どうしても行くことができなかったの。

もう一つ、あなたには謝らなければならないことがあります。それは、最後の寄付パーティーであなたに言ったことです。ヨハンとは、いい友達で、結婚する予定はありません。あの時、あなたが私に言おうとしたことを聞いてしまったら、私はどうかなってしまうと思って、苦し紛《まぎ》れにあんなことを言ってしまいました。本当にごめんなさい。あれから、どれだけ私が後悔したことか。どれだけ、自分を責めたことかわかりません。あのとき、私が、先にあなたの言葉を聞いていれば、そして、それにイエスと言っていれば、どんな人生になっただろう。それは、今となってはわかりません。

あなたは、私にとって特別な人です。一人の人間の可能性がどれだけ大きいのか、才能の限界へ挑戦する素晴らしさを見せてくれました。多くの人を感動させながら、火の玉のように進んでいく、あなたがまぶしいとともに、心から尊敬できました。

黒くて、さらさらした、きれいな髪、切れ長の目、あなたのさわやかな笑顔を見るたびに、胸がドキドキしました。一緒にいるだけで、こんなにワクワクしたり、話が合う男性は初めてでした。私自身どう考えていいのかわからず、友人に何日も相談の長電話をしました。みんなは、それが恋だと言って私をからかいます。あの堅物のフローラがついに恋に落ちたと。

けれど、あなたと私があまりにも違う世界に住んでいることにも、私は気づいていました。それは、スイスと日本という距離的なことでもなく、人種や文化ということでもありません。私たちが住んでいる世界です。私は、自分を見てもらいたいのに、あなたは、未来と世界のことしか見ていないからです。それが、何とも寂しく、悲しいことでした。あなたと会った日の夜は、いつも一人で泣きました。自分によほど魅力がないせいで、こちらを見てもらえないんだなと、鏡で自分の顔を何時間も見つめました。けれど、その思いも打ち明けられないまま、今日に至ってしまいました。あなたがもう明日出発するというのに。

どうしても、あなたとのことが気になって、昨日、占い師のジプシーに過去世を見てもらいました。すると、私たちは、何度も生まれ変わって、恋人だったことがあるそうです。しかし、今世では、お互いがまだ若い、このタイミングで出会い、誰かを愛するというレッスンを学ぶ関係だというのです。ほかにもいろいろと教えてくれましたが、とてもこの手紙には書けません。占いを完全に信じるわけではありませんが、今の私には、これ以上先に進む勇気がありません。

あなたが、スイスを離れていくのを感じながら、世界が崩壊するほど悲しいとともに、どこかでほっとしている私もいるのです。

あなたのことは、心から愛しています。そして、あなたが愛を見つけ、幸せになるのを心から祈っています。あなたなら、きっと、私よりも素敵な人にめぐりあえるでしょう。あなたと出会えて本当によかった。素敵な時間をありがとう。さようなら。いつまでも、お元気で。あなたの幸せをスイスから祈っています。

愛を込めて
あなたの大切な友人
フローラ

手紙を読み終わった僕は、しばらく目を閉じ、深いため息をついた。胸が締めつけられるような、かきむしられるような感じがして、どうすればいいのか、わからなくなった。理性で抑えなければ、僕は、衝動的にコックピットへ行き、ハイジャックしてでも、この飛行機をジュネーブに戻らせようとしたかもしれない。もちろん、そうしたからといって、何も変えられないことはわかっている。

ああ！　なんて僕は馬鹿者なんだろう‼　なんて、無神経な奴だろう‼

毎秒ジュネーブから猛烈な勢いで離れていく飛行機の中で、僕は、巻き戻しできない時間の残酷さを味わっていた。フローラの喜び。彼女の寂しい思い。それを今ようやく感じはじめたのだった。それを全く理解できなかった僕の愚かさ。二人の思いがすれ違い、ついに交わることがなかった事実。その無念さに、僕はのたうち回った。目の前の座席に何度も頭をぶつけ、声を殺して泣いた。真っ暗な機内はガラガラで、僕の異常な振る舞いに気づく人が周りにいないのが、唯一の救いだった。

何時間も、フローラのことを考えた。「あのとき、ああいえば」、「あのとき、こういえば」という何十という「if（もし）」が頭を駆け回り、僕の胸を焼いた。

なぜ、あのパーティーのテラスで、僕は自分の熱い想いをフローラに伝えなかったのか！

自分に対する怒りが吹き出し、どうしようもなくなった。

成田に着いたら、すぐにスイスに引き返そう。いや、そんなことをフローラは望まないだろう。じゃ、どうすればいいんだ‼

目をつぶって泣いていた僕は、いつのまにか眠っていたらしい。眠りから覚め、飛行機の窓のブラインドをこっそり開けると、遠くに朝焼けが見えた。それを見ながら、昔フロリダでゲラーさんが教えてくれたことを思い出した。「人生で最も難しいことは何ですか」という僕の問いに、彼はにっこり微笑むと、明確に答えてくれた。

「それはね、過去を受け入れることだよ。過去をありのままに受け入れ、自分や周りの人、社会、歴史、すべてを許してあげることだ。すべての人が彼らなりのベストを尽くしたのだから。そして、それは全員にとって、ベストだったのだから」

その時によくわからなかったことが、今、直感的に理解できた。僕は、これを学ぶためにスイスにまで行ったのか！　お金のためでもなく、フローラでもなく、自分と向き合うために。

最後の晩に語ってくれた、ホフマンさんの教えが耳に蘇《よみがえ》る。

「過去を受け入れ、未来をしっかりと見つめ、現在を真剣に生きるのだ」

深呼吸すると、僕は目を閉じ、もう一度スイスでの出来事を思い返した。いろんなシーンが頭をよぎり、その意味が静かに僕のハートに降りてきた。

そして、ゆっくり、じんわりと暖かいものが全身に広がっていくのを感じた。

目を開けて窓の外を見ると、まだそこには、真っ暗な空に、きれいな朝日が輝いていた。

あとがき

最後まで本書を読んでくださって、本当にありがとうございます。本というものは、読んでくださっているあなたがいて、はじめて命を得るものだと私は感じています。

本書は、『ユダヤ人大富豪の教え』の続編として書きました。前著が、ノンフィクションに近かったのに較べ、今回の本は、スイスを舞台に、物語性を強めてみました。あの後、ケンは、どうなったのかという読者のたくさんの声に、私なりにお答えしたつもりです。

ホフマンさんは、私が教えを受けてきたメンターたちの複合キャラクターです。数人の実在の人物の教えをスイス人銀行家ホフマン氏という人物に仮託して、一つのストーリーに仕立てました。

といっても、本書の物語に出てくるいろんなエピソードの中には、実際にあったこともあります。たとえば、折り鶴プロジェクトは、私が学生時代に実際にやったプロジェクトです。広島に送られる折り鶴の多くが焼却処分されると知り、海外の小学校に親善大使として送るというボランティア活動をやりました。

当時、一つの千羽鶴を送るのに、船便で一〇〇〇円かかりました。そこで、一〇〇〇円を寄付してくれるか、折り鶴を寄付してくれる個人や団体を募《つの》ったところ、予想外にたくさんの寄付が集まりました。それが、一定数集まるたびに、受け入れ先のアメリカとヨーロッパの小学校に送りました。このプロジェクトに関わった多くの人が感動し、癒され、希望を得ました。

残念ながら、向こうの受け入れ先の事情で、この活動は休止しましたが、多くの人の善意が国境を越えて、結実しました。現在でも、何十というアメリカやイギリスの小学校のホールには、日本から来た折り鶴が展示されています。

ケンの成長物語は、私の半自叙伝的な物語でもあります。野心的かつエネルギッシュに生きる青年は、若い頃の私自身です。傲慢でどうしようもなく混乱した人間が、幸せで平安のある人生を送ることができたのは、様々なメンターとの出会いと教えのおかげです。

彼等への恩返しのつもりで、このメンターシリーズを書いていこうと思っています。

これからも、青年ケンの、自分を発見し、人生を学ぶ旅は続きます。彼が、いろんなメンターから、ビジネス、人間関係、男女関係を学んでいくのを応援してください。そして、ケンの学びが深まるにつれ、読者のみなさんの人生にも、何らかのヒントになることがあったとしたら、それは著者として望外の喜びです。

みなさんの人生に素敵なことがたくさん訪れますように。

いつの日にか、あなたにお会いできる日を楽しみにしています。

本田　健

本田　健（ほんだ　けん）

神戸市生まれ。経営コンサルティング会社、会計事務所、ベンチャーキャピタル会社など、複数の会社を経営する「お金の専門家」。独自の経営アドバイスで、今までに多くのベンチャービジネスの成功者を育ててきた。
娘の誕生をきっかけに、仕事の一線を退き、以来育児を中心とした“セミリタイア生活”を送っている。現在は、東京から長野に移住し、育児のかたわら、大好きなテーマである「お金と幸せ」に関する講演、カウンセリング、セミナーなどを不定期に行っている。自身のお金の哲学をまとめた「お金の通信コース」は、全国から数千名が受講している。また、お金のＩＱ、お金のＥＱを高めるニュースレター、メルマガも発行。ホームページでは、お金に関するいろいろな情報を公開している。
育児セミリタイア中に書いた小冊子「幸せな小金持ちへの８つのステップ」は、世界中70万人の人々に読まれている。著書は、すべてベストセラーになっており、世界中の言語に翻訳されつつある。

〈著書〉
『幸せな小金持ちへの８つのステップ』
『お金のＩＱ　お金のＥＱ』
『「ライフワーク」で豊かに生きる』
『90日で幸せな小金持ちになるワークブック』
（以上、ゴマブックス）
『大好きなことをしてお金持ちになる』
『夢をかなえるお金の教え　豊かさの知恵』
（以上、フォレスト出版）
『普通の人がこうして億万長者になった』（講談社）
『ユダヤ人大富豪の教え』（小社）

〈著者からのメッセージ〉
本書の感想を、是非お寄せ下さい。
直接お返事はできないかもしれませんが、
いただいたメッセージは全て読みます。
（本田　健）

〈著者のホームページアドレス〉
http://www.aiueoffice.com

スイス人銀行家の教え
――お金と幸せの知恵を学ぶ12のレッスン

2004年6月1日　第1刷発行

著　者…………本田　健
発行者…………南　　暁
発行所…………大和書房
東京都文京区関口1―33―4
電話03(3203)4511　振替00160-9-64227
印刷所…………三松堂印刷
製本所…………小泉製本
装　幀…………坂川栄治＋田中久子（坂川事務所）
本文イラスト…水崎真奈美

ISBN4-479-79092-6

http://www.daiwashobo.co.jp